特例民法法人のための
移行認定・認可申請の実務
■申請書の書き方と定款作成のポイント

大和総研 公共政策研究所
主任研究員
市川拓也

財経詳報社

は　し　が　き

　新制度への移行申請についての情報は、溢れんばかりである。書籍や各種セミナーからの情報もあるが、特にインターネットを通じた新制度関連情報はかなりの量に達する。以前から、内閣官房行政改革推進事務局（行政改革推進本部事務局）や内閣府公益認定等委員会のウェブサイトで制度改革や新制度の整備状況についての情報が掲載されてきたが、現在の国・都道府県公式公益法人行政総合情報サイト「公益法人information」では、公益法人改革関連３法や政令府令、ガイドラインはもちろん、申請書作成に役立つ「申請の手引き」、定款の例と書き方を示した「移行認定のための「定款の変更の案」作成の案内」、Q&A集の「新たな公益法人制度への移行等に関するよくある質問（FAQ）」もある。会計については、「公益法人会計基準」と「「公益法人会計基準」の運用指針」が掲載され、税については同サイトのリンクで国税庁の「新たな公益法人関連税制の手引」につながっている。旧公益法人制度の反省点として、許可に関する基準の不透明性があったことを考えても、新制度への移行にあたってこのように多くの情報が出されているのは大いに結構なことである。
　しかし、問題はこれらの膨大な情報を多くの特例民法法人がうまく消化できていない点にある。細かい制度に対してそれぞれに情報がでているために、情報量が多過ぎて、どこから手をつけていいかわからないといった法人もあろう。セミナーにはよく参加するが、用語の意味さえもよく理解できていないので内容も部分的にしかわからず、そうかといってFAQなどの細かい情報を端から読んでいくも全く頭に入らないというような経験をした方も少なくないであろう。実務担当者（事務局スタッフ等）の方々には、そもそも通常の業務もあることから、部分部分からなる膨大な情報をもとに新制度の詳細かつ複雑なしくみを丹念に勉強し、十分なレベルに達するほど時間を割くことは難しいと考え

られる。

　そこで筆者は新制度にかかる情報全体の中で、実務担当者の方々が重要ポイントをしっかりと理解できるものが必要と考え、この本を執筆することにした。執筆にあたっては公益法人の研究者として、認定・認可取得のためだけの単なる申請に関する"ハウツー本"とすることではなく、無理のない申請を通じて効率的な法人運営に役に立つ内容にすることを心がけた。

　本書の構成としては、まず最初に「第1章　制度改革と新非営利法人制度」で概要を示し、次に「第2章　新たな公益法人への移行認定申請」と「第3章　一般法人への移行認可申請」で申請書を書く際のポイントについて触れ、「第4章　「定款の変更の案」作成」では定款について、「第5章　新たな公益法人、一般法人の税制」と「第6章　公益法人会計基準」では税・会計についてそれぞれ見逃しがちなポイントを掲載している。

　申請の審査は原則書類をもって行うので、結局は文章力がものをいうが、これは単に表現の問題ではなく、総合的な知識に裏打ちされた論理的な説明をもってなせるものである。本書では、法制度、税、会計を跨いだ観点で捉え、それぞれの章でポイントを設けることで、総合的な理解が深まるよう工夫してある。なお、移行認定・認可申請を前提としているが、移行認定は、原則として公益認定を整備法のなかで準用しており、この意味で十分参考になるので、一般法人設立後に公益認定の申請をする方にも、是非、読んでいただきたい。

　最後に、本書の出版にあたり、急な申し出にもかかわらず快くお引き受けいただいた財経詳報社富高社長、並びに、短期間での忙しい作業にご対応いただいたスタッフの方々に感謝申し上げる。

　　　平成21年9月24日

　　　　　　　　　　　　　　　　　　　　　　　株式会社大和総研
　　　　　　　　　　　　　　　　　　　　　　　　　　市川　拓也

目 次

第1章 制度改革と新非営利法人制度

1. 制度改革の経緯 …………………………………………………… 2
2. 法案可決から近年まで …………………………………………… 4
3. 公益法人制度改革関連3法 ……………………………………… 5
4. 新制度の特徴 ……………………………………………………… 6
5. 一般法人設立、公益認定のしくみ ……………………………… 8
6. 移行のイメージ …………………………………………………… 10

第2章 新たな公益法人への移行認定申請

1. 移行認定を受けるには …………………………………………… 12
2. 別表の公益目的事業 ……………………………………………… 14
3. 不特定かつ多数の者の利益の増進（事業区分）……………… 16
4. チェックポイント ………………………………………………… 18
5. 18の認定基準 ……………………………………………………… 20
6. 移行認定申請書類の構成 ………………………………………… 22
7. 別紙2の「事業区分」のまとめ方 ……………………………… 24
8. 別紙2-1：事業の一覧 …………………………………………… 25
9. 別紙2-2：個別の事業の内容 …………………………………… 26
10. 別表Aの「収支相償」の考え方 ………………………………… 28
11. 別表A(1)：収支相償の計算（50%を繰り入れる場合）……… 30
12. 別表A(2)：収支相償の計算（50%超を繰り入れる場合）…… 32
13. 別表Bの「公益目的事業比率」の考え方 ……………………… 34

i

14	別表B(1)：公益目的事業比率の算定総括表 …………………	36
15	別表B(5)：公益目的事業比率算定に係る計算表 ……………	38
16	別表Cの「遊休財産額の保有制限」の考え方 ……………	40
17	別表C(2)：控除対象財産 …………………………………	42
18	別表D：他の団体の意思決定に関与することができる財産保有の有無 ……………………………………	44
19	別表Eの「経理的基礎」の考え方 ………………………	46
20	別表Fの「配賦」の考え方 ………………………………	48
21	別表F：配賦計算表 ………………………………………	50
22	別表G：収支予算の事業別区分経理の内訳表 …………	52
23	別紙4：その他の添付書類 ………………………………	54
24	確認書 ……………………………………………………	56
25	事業・組織体系図 ………………………………………	58
26	かがみ文書の変更点 ……………………………………	60
27	別紙1の1の変更点 ……………………………………	62
28	別紙1の2の変更点 ……………………………………	64
29	別紙2の1の変更点 ……………………………………	66
30	別紙2の2の変更点 ……………………………………	68
31	別紙3の変更点 …………………………………………	70
32	別表C(2)の変更点 ……………………………………	72

第3章　一般法人への移行認可申請

1	移行認可を受けるには ……………………………………	76
2	認可にあたっての確認事項 ………………………………	78
3	公益目的財産額の評価 ……………………………………	80
4	公益目的支出の方法 ………………………………………	82
5	公益目的支出の額 …………………………………………	84

6	公益目的支出の計画	85
7	公益目的財産額の確定	86
8	申請書類の構成	87
9	別表A：公益目的財産額の算定	88
10	別表B：時価評価資産等の時価の算定根拠	90
11	別表C-1：事業の概要等	92
12	別表C-2、3：見込額の算定	94
13	別表D：公益目的支出計画実施期間中の収支の見込み	96
14	別表E(2)-1、2：配賦計算表	97
15	別表E(3)：誓約書	98
16	別紙4：その他の添付書類	100
17	かがみ文書の変更点	102
18	別紙1の1の変更点	104
19	別紙3の変更点	106
20	別表C(1)-3、(2)-3、(3)-2の追加	108
21	別表C(2)-1の変更点	110
22	別表C(3)-1の変更点	112

第4章　「定款の変更の案」作成

1	定款の変更の案	116
2	内閣府モデル定款の構成	117
3	（社）総則、目的及び事業	118
4	（社）社員	120
5	（社）社員総会（構成～招集）	122
6	（社）社員総会（議長～議事録）	124
7	（社）役員（役員の設置～会計監査人の職務及び権限）	126
8	（社）役員（役員の任期～報酬等）	128

9	（社）理事会（構成～議事録）	130
10	（社）資産及び会計（基本財産～事業計画及び収支予算）	132
11	（社）資産及び会計（事業報告及び決算～公益目的取得財産残額の算定）	134
12	（社）定款の変更及び解散（定款の変更～残余財産の帰属）	136
13	（社）公告の方法	138
14	（社）附則	140
15	定款の変更の案	142
16	（財）総則、目的及び事業（名称～事業）	143
17	（財）資産及び会計（基本財産～事業計画及び収支予算）	144
18	（財）資産及び会計（事業報告及び決算～公益目的取得財産残額の算定）	146
19	（財）評議員（評議員～評議員の選任及び解任：選定委員会を設置する場合）	148
20	（財）評議員（評議員の選任及び解任：評議員会で選定する場合）	150
21	（財）評議員（任期～評議員に対する報酬等）	152
22	（財）評議員会（構成～招集）	154
23	（財）評議員会（決議～議事録）	156
24	（財）役員（役員の設置～会計監査人の職務及び権限）	158
25	（財）役員（役員の任期～報酬等）	160
26	（財）理事会（構成～議事録）	162
27	（財）定款の変更及び解散（定款の変更～残余財産の帰属）	164
28	（財）公告の方法	166
29	（財）附則	168
30	譲渡所得等非課税特例への対応	170

第5章　新たな公益法人、一般法人の税制

1. 収益事業課税と公益目的事業非課税 …………………… 174
2. みなし寄附金制度 ………………………………………… 176
3. 譲渡所得等非課税特例 …………………………………… 178
4. 特定公益増進法人への寄附 ……………………………… 180
5. 法人税法上の類型 ………………………………………… 182
6. 税制上の区分要件 ………………………………………… 183
7. 新公益法人の税制 ………………………………………… 186
8. 非営利型法人の税制 ……………………………………… 188
9. 非営利型法人以外の一般法人の税制 …………………… 190
10. 異動届出書 ………………………………………………… 192

第6章　公益法人会計基準

1. 公益法人会計基準の位置づけ …………………………… 194
2. 平成16年基準からの変更点 ……………………………… 196
3. 平成20年公益法人会計基準、運用指針 ………………… 198
4. 貸借対照表 ………………………………………………… 200
5. 貸借対照表内訳表 ………………………………………… 202
6. 正味財産増減計算書 ……………………………………… 204
7. 正味財産増減計算書内訳表 ……………………………… 206
8. キャッシュ・フロー計算書（直接法）………………… 208
9. キャッシュ・フロー計算書（間接法）………………… 210
10. 基金を受けた場合のキャッシュ・フロー計算書（直接法）… 212
11. 注記：基本財産及び特定資産の増減額及びその残高、
    基本財産及び代替基金の増減額及びその残高 ……… 213
12. 注記：基本財産及び特定資産の財源等の内訳 ………… 214

13	注記：固定資産の減価償却、満期保有目的の債券の内訳 並びに帳簿価額、時価及び評価損益 ……………………	215
14	注記：補助金等の内訳並びに交付者、当期の増減額及び残高 ‥	216
15	附属明細書：基本財産及び特定資産の明細、引当金の明細 …	217
16	附属明細書：財産目録 …………………………………………	218
17	公益目的保有財産の明細 ………………………………………	220
18	会計上の債券等の扱い …………………………………………	222

凡　例

とくに断りのない限り、文中では以下のとおり表記を省略している。
- 一般社団法人及び一般財団法人に関する法律……法人法
- 公益社団法人及び公益財団法人の認定等に関する法律……認定法
- 一般社団法人及び一般財団法人に関する法律及び公益社団法人及び公益財団法人の認定等に関する法律の施行に伴う関係法律の整備等に関する法律……整備法
- 施行令…令
- 施行規則……規則
- 公益認定等ガイドライン……GL
- 申請の手引き　移行認定編……移行認定申請の手引き
- 申請の手引き　移行認可編……移行認可申請の手引き
- 移行認定又は移行認可の申請に当たって定款の変更の案を作成するに際し特に留意すべき事項……留意事項
- 移行認定のための「定款の変更の案」作成の案内……内閣府モデル定款
- 新たな公益法人制度への移行等に関するよくある質問……FAQ
- 公益認定等ガイドライン案に関する意見募集手続の結果について……GL案パブコメ結果
- 新たな公益法人関係税制の手引……税制の手引
- 一般社団法人、一般財団法人……一般法人
- 公益社団法人、公益財団法人……新公益法人
- 公益法人の設立許可及び指導監督基準……指導監督基準
- 平成20年公益法人会計基準……公益法人会計基準
- 平成20年公益法人会計基準の運用指針……運用指針

免責

　本書は新しい公益法人・非営利法人制度、及び税・会計にかかる理解を助けることを目的としたものであり、法律の解釈を目的としたものではありません。新制度の法解釈等、法令そのものに関する正確な理解については弁護士等、税・会計に関するものについては公認会計士、税理士等にご相談ください。

第 1 章
制度改革と新非営利法人制度

1 制度改革の経緯

〔平成12年〕	12月1日	行政改革大綱
〔平成13年〕	4月13日	行政委託型公益法人等改革の視点と課題
〔平成14年〕	3月29日	公益法人制度の抜本的改革に向けた取組みについて
	4月13日	公益法人制度の抜本的改革の視点と課題について
	8月2日	公益法人制度の抜本的改革に向けて(論点整理)
	11月1日〜	公益法人制度の抜本的改革に関する懇談会
	同　〜	政府税制調査会非営利法人課税ワーキンググループ
〔平成15年〕	6月27日	公益法人制度の抜本的改革に関する基本方針
	11月28日	公益法人制度改革に関する有識者会議
〔平成16年〕	11月19日	同「報告書」
	12月24日	公益法人制度改革の基本的枠組み［今後の行政改革の方針］
〔平成17年〕	12月26日	公益法人制度改革（新制度の概要のポイント）

（出所）　行政改革推進本部事務局、政府税制調査会

第1章　制度改革と新非営利法人制度

ポイント

◆公益法人制度改革の原点は、ひとつには平成12年12月1日の行政改革大綱との見方ができる。
◆行政委託型公益法人の見直しから、公益法人制度全般の改革へ発展した。
◆特定非営利活動法人（NPO法人）等の非営利法人に対する国民の関心の高まりに呼応するかたちで、明治29年民法制定以来の抜本的な制度の見直しにつながった。
◆平成7年の与党3党プロジェクトチームによる提言、平成8年の公益法人の設立許可及び指導監督基準設置後も、いわゆるKSD事件など、公益法人にかかる不祥事が続いたことも背景にある。
◆特定非営利活動法人は、平成15年6月27日の「公益法人制度の抜本的改革に関する基本方針」の前に改革の対象外とされた。
◆公益法人制度に関する有識者会議「報告書」（平成16年11月）に則して、法案が作成された。

2 法案可決から近年まで

〔平成18年〕	5月26日	公益法人制度改革関連3法案可決・成立
	6月2日	同公布
〔平成19年〕	4月1日	内閣府公益認定等委員会（第三者委員会）発足
	9月7日	主たる政令・内閣府令公布
〔平成20年〕	4月11日	公益認定等ガイドライン、公益法人会計基準、及び、同運用指針決定
	10月10日	公益認定等ガイドライン追加
	12月1日	新法全面施行
〔平成21年〕	3月13日	初の移行認定、移行認可の答申
	3月19日	初の新設認定の答申

ポイント

◆平成18年5月26日に公益法人制度改革関連3法案が可決・成立し、6月2日に公布された。

◆翌19年4月1日に、内閣府公益認定等委員会が発足し、以降、政令・内閣府令（9月7日公布）、公益認定等ガイドライン（平成20年4月11日決定）作成のための審議を重ねた。

◆平成20年12月1日の新法全面施行により、新たな非営利・公益法人制度がスタートしている。

◆平成21年3月より、内閣府公益認定等委員会や都道府県単位の合議制の機関（審議会等）で認定、認可の答申が出されている。

◆一事業年度の間に登記する場合、登記した年度を登記前と登記日以降に分けて決算をしなければならない（分かち決算）ことなどから、4月1日の登記が多い。

3　公益法人制度改革関連3法

1　一般社団法人及び一般財団法人に関する法律
　　（通称：法人法又は一般法）
　　・非営利の一般社団法人、一般財団法人に関する法律
　　　→　準則主義で設立、ガバナンス等
2　公益社団法人及び公益財団法人の認定等に関する法律
　　（通称：認定法又は公益認定法）
　　・公益認定と公益社団法人、公益財団法人に関する法律
　　　→　公益認定基準、公益認定等委員会等
3　一般社団法人及び一般財団法人に関する法律及び公益社団法人及び公益財団法人の認定等に関する法律の施行に伴う関係法律の整備等に関する法律
　　（通称：整備法）
　　・上記2法の施行にかかる関係の法律を整備するための法律
　　　→　中間法人法の廃止、移行、特例民法法人等

（出所）　関係資料を参考に筆者作成

ポイント

◆法人法は、機関の設置等"法人"としての基礎的な要件を満たすよう規定された法律で、機関の設置や登記による法人設立などについて規定している。

◆公益認定法は、一般法人に対して付与される公益認定に関する法律で、公益目的事業の定義や認定の基準、判断主体である公益認定等委員会のあり方などについて規定している。

◆整備法は、旧民法法人、旧無限責任中間法人並びに旧有限責任中間法人の移行などにかかる法律で、法人法施行後、特例民法法人となった法人は、5年以内に移行認可を受けない場合に、特例無限責任中間法人となった法人は、1年以内に移行登記しない場合にそれぞれ解散とみなされることなどについて規定している。

4 新制度の特徴

これまで
☆主務官庁に公益性を認められたものだけが、法人格を得ることができた。
☆法人運営については、法律上詳細な規定がなく、主務官庁が立入検査を含め監督していた。
☆法人設立・運営のための要件は、各主務官庁の裁量権に委ねられており、主務官庁ごとにばらつきがあった（なお、平成8年に内閣として統一的な「公益法人の設立許可及び指導監督基準」を整備）。

新制度
☆法人法の要件を満たせば、登記のみで一般社団法人、一般財団法人を設立することが可能となった。
☆一般社団法人、一般財団法人のうち、認定法に定められた基準を満たしていると認められる法人は、公益認定を受けて公益社団法人、公益財団法人となる。
☆基準を満たしているかどうかの判断は、民間有識者から構成される、内閣府公益認定等委員会や都道府県の合議制の機関が行う。

（出所）内閣府公益認定等委員会事務局「民による公益の増進を目指して」より筆者加筆

ポイント

- ◆公益法人制度改革は公益を推進することが目的であるが、行革の色彩がより強い。
- ◆従来からの制度の問題点を改善するとともに主務官庁制は廃止された。非営利法人の設立は登記でできるようにし、公益の判断は基準を設けて別に行うしくみになった。
- ◆公益に関する基準適合の実質的な判断については、行政庁が民間の有識者からなる委員会・審議会に諮問し、そこからの答申を受けて認定する。
- ◆主務官庁制のもとで設けられた指導監督基準は、主務官庁制の廃止とともになくなるが、考え方の多くは法令の中に組み込まれている。
- ◆公益法人制度改革の対象は、旧民法34条の法人（狭義の公益法人）と旧中間法人であり、それ以外は対象外とされた。
- ◆当初は特定非営利活動法人（NPO法人）も対象としていたが、平成15年に課税強化の動きを嫌った特定非営利活動法人側が猛反発したため、結局、対象に含めないこととなった。
- ◆この結果、公益社団法人、公益財団法人と特定非営利活動法人は、ともに公益的な活動を行う法人として並存することになった。活動目的の類似性から、将来、両制度は一緒になる可能性もある。

5 　一般法人設立、公益認定のしくみ

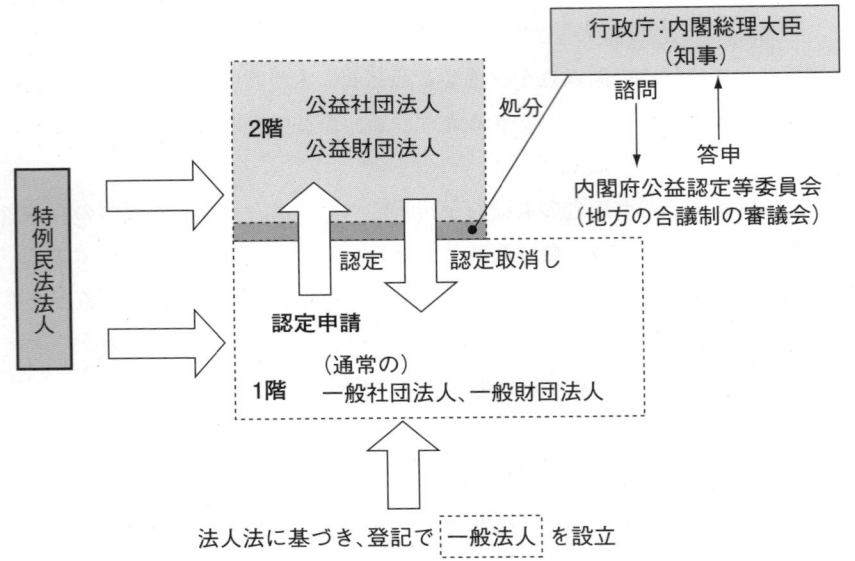

（出所）　筆者作成

第1章　制度改革と新非営利法人制度

ポイント

◆ゼロから公益社団法人、公益財団法人を立ち上げる場合は、まず一般社団法人、一般財団法人（以下「一般法人」）を登記で設立し、次に公益認定申請を行う。認定されれば、公益社団法人、公益財団法人（以下「新公益法人」）となる。なお、一般法人を「1階法人」、新公益法人を「2階法人」と呼ぶこともある。

◆行政庁が原則として内閣府公益認定等委員会に諮問し、同委員会が答申を行い、これをもとに行政庁が認定を行う。

◆このしくみは都道府県単位でも設けられているため、計48のしくみが存在することになる。地方で内閣総理大臣にあたるのが知事、内閣府公益認定等委員会にあたるのが○○○公益認定等審議会である（○○○に都道府県名が入る。多くがこのかたちであるが、埼玉県は「埼玉県公益法人等認定審議会」、大分県は「大分県公益認定等審査会」、宮城県、秋田県、福井県、滋賀県、大阪府、兵庫県、岡山県は「○○○公益認定等委員会」となっている）。

◆特例民法法人（旧公益法人）からの移行についても基本は同じであるが、新公益法人へ移行する場合は、一般法人を経由せずに直接、申請（移行認定申請）できるよう特別な整備がなされている。

◆一般法人へ移行する場合も特別な整備がなされており、公益目的支出計画を作成の上、申請（移行認可申請）し、この認可を得ることによって一般法人となることができる。この分、ゼロから一般法人をつくるよりも手間がかかる。

6　移行のイメージ

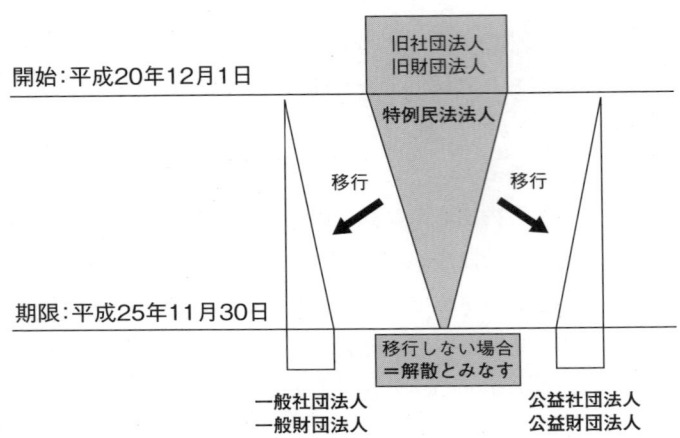

（出所）　筆者作成

ポイント

◆従来の民法法人（社団法人、財団法人）は平成20年12月1日以降、自動的に特例民法法人となっている。

◆特例民法法人の間は旧主務官庁制は継続する。したがって、期間中の定款変更などは、従来どおり、旧主務官庁の認可が必要（移行申請の際の「定款の変更の案」は認可不要となる）。

◆移行期間は特例民法法人となってから5年間で満了となるので、平成25年11月30日が期限となる。移行の手続をとらないまま期限を迎えた場合は解散とみなされる。

◆公益社団法人、公益財団法人へ移行する場合は移行認定申請を、一般社団法人、一般財団法人へ移行する場合は移行認可申請を移行期間中に行う。申請は期間中、何回でも可能であるが、一方を申請中の場合、もう一方を申請することはできない（移行認定申請の処分結果がでないまま期間満了となった場合に移行認可申請をすることは可能）。

第2章

新たな公益法人への移行認定申請

1 移行認定を受けるには

> **整備法**
> （公益社団法人又は公益財団法人への移行）
> 第四十四条　公益法人認定法第二条第四号に規定する公益目的事業（以下この節において単に「公益目的事業」という。）を行う特例社団法人又は特例財団法人は、施行日から起算して五年を経過する日までの期間（以下この節において「移行期間」という。）内に、第四款の定めるところにより、行政庁の認定を受け、それぞれ公益法人認定法の規定による公益社団法人又は公益財団法人となることができる。

> **認定法**
> （定義）
> 第二条
> 四　公益目的事業　学術、技芸、慈善その他の公益に関する別表各号に掲げる種類の事業であって、不特定かつ多数の者の利益の増進に寄与するものをいう。

> **第四款　公益社団法人又は公益財団法人への移行**
> （認定の基準）
> 第百条　行政庁は、第四十四条の認定の申請をした特例民法法人（以下この款及び第百三十三条第二項において「認定申請法人」という。）が次に掲げる基準に適合すると認めるときは、当該認定申請法人について第四十四条の認定をするものとする。
> 一　第百三条第二項第二号の<u>定款の変更の案</u>の内容が一般社団・財団法人法及び公益法人認定法並びにこれらに基づく命令の規定に適合するものであること。
> 二　<u>公益法人認定法第五条各号に掲げる基準に適合</u>するものであること。

（出所）　認定法、整備法。下線は筆者追記

第2章　新たな公益法人への移行認定申請

◻ポイント

- ◆認定を受けることのできる特例民法法人は、公益目的事業を行う法人であることを要件とする。公益目的事業とは、①別表の事業を行うこと、②不特定かつ多数の者の利益の増進に寄与すること、の2つの要件を満たす事業をいう。
- ◆認定には、③申請の際に提出する「定款の変更の案」の内容が法人法、認定法の法律とこれらに基づく命令の規定、④認定法5条各号の基準、の2つに適合していることが認められる必要がある。
- ◆公益目的事業を行っているということが最も重要な点なので、まず事業を区分し、各々公益目的事業として認められるかの見通しを立て、その上で基準を満たせるかを確認する。さらに、どのような定款にするか検討する。
- ◆その際、これまでの事業を継続すべきかどうかを含め、今後、何を目指すかをしっかりと確認した上、法人として意思統一しておくことが重要となる。理念のないまま、事業の継続を先に考えた場合、別表のどの事業にあたるのか、どうして不特定多数といえるのか、の理由をみつけるのに苦労し、結果、運営について自ら規定する定款の作成にまで影響してくる。

2 別表の公益目的事業

いずれかを満たす必要がある

一	学術及び科学技術の振興を目的とする事業
二	文化及び芸術の振興を目的とする事業
三	障害者若しくは生活困窮者又は事故、災害若しくは犯罪による被害者の支援を目的とする事業
四	高齢者の福祉の増進を目的とする事業
五	勤労意欲のある者に対する就労の支援を目的とする事業
六	公衆衛生の向上を目的とする事業
七	児童又は青少年の健全な育成を目的とする事業
八	勤労者の福祉の向上を目的とする事業
九	教育、スポーツ等を通じて国民の心身の健全な発達に寄与し、又は豊かな人間性を涵養することを目的とする事業
十	犯罪の防止又は治安の維持を目的とする事業
十一	事故又は災害の防止を目的とする事業
十二	人種、性別その他の事由による不当な差別又は偏見の防止及び根絶を目的とする事業
十三	思想及び良心の自由、信教の自由又は表現の自由の尊重又は擁護を目的とする事業
十四	男女共同参画社会の形成その他のより良い社会の形成の推進を目的とする事業
十五	国際相互理解の促進及び開発途上にある海外の地域に対する経済協力を目的とする事業
十六	地球環境の保全又は自然環境の保護及び整備を目的とする事業
十七	国土の利用、整備又は保全を目的とする事業
十八	国政の健全な運営の確保に資することを目的とする事業
十九	地域社会の健全な発展を目的とする事業
二十	公正かつ自由な経済活動の機会の確保及び促進並びにその活性化による国民生活の安定向上を目的とする事業
二十一	国民生活に不可欠な物資、エネルギー等の安定供給の確保を目的とする事業
二十二	一般消費者の利益の擁護又は増進を目的とする事業
二十三	前各号に掲げるもののほか、公益に関する事業として政令で定めるもの

（出所）　認定法 別表

第2章　新たな公益法人への移行認定申請

ポイント

◆ 具体的に何の事業をやっているかではなく、何を目的とする事業のなかに当該事業を位置づけるかということが重要となる。
◆ 「より良い社会の形成の推進」「地域社会の健全な発展」「国民生活の安定」など、かなり広範に及んでいるので、従来事業の大半はいずれかに含まれると考えてよい。
◆ 23番目の「政令で定めるもの」は定めないでスタートすることになったので、1～22のうちのいずれかということになる。
◆ 申請書には、1つの事業単位（例えば、公1）に対して、最も関連の深い号のみを記載することも、複数記載することも可能（FAQ問Ⅷ-1-④参照）である。
◆ 定款の変更の案の"目的"に、別表の文章を転記する必要はなく、公益目的事業に即して、自らの表現で記載するのが望ましい（同参照）。

3　不特定かつ多数の者の利益の増進（事業区分）

「不特定かつ多数の者の利益の増進に寄与するもの」に該当する

事業区分	事業名の例（事業報告書等で記載されているもの）
(1) 検査検定	（検査・検定、検査、検定、認証）
(2) 資格付与	（技能検定、技術検定、資格認定）
(3) 講座、セミナー、育成	（講座、講習、セミナー、シンポジウム、人材育成、育成、研修会、学術集会、学術講演会）
(4) 体験活動等	（イベント、体験、体験教室、ツアー、観察会）
(5) 相談、助言	（相談、相談対応、相談会、指導、コンサルタント、助言、苦情処理）
(6) 調査、資料収集	（調査研究、調査、統計、資料収集、情報収集、データベース作成、分析）
(7) 技術開発、研究開発	（研究開発、技術開発、システム開発、ソフト開発、研究、試験研究）
(8) キャンペーン、○○月間	（キャンペーン、普及啓発、週間、月間、キャラバン、政策提言）
(9) 展示会、○○ショー	（展示会、博覧会、ショー、○○展、フェア、フェスタ、フェスティバル）
(10) 博物館等の展示	（○○館、コレクション、常設展示場、常設展示）
(11) 施設の貸与	（施設（又は会館、ホール、会議室）管理、施設の管理運営、施設の維持経営）
(12) 資金貸付、債務保証等	（融資、ローン、債務保証、信用保証、リース）
(13) 助成（応募型）	（助成、無償奨学金、支援、補助、援助、補助金、利子補給、家賃補助、無償貸与、無償貸付、無償レンタル）
(14) 表彰、コンクール	（表彰、○○賞、○○大賞、コンクール、コンクール大会、審査、コンテスト、グランプリ、展覧会）
(15) 競技会	（競技大会、試合、大会、○○カップ、○○杯、○○オープン）
(16) 自主公演	（公演、興行、演奏会）
(17) 主催公演	（主催公演、主催コンサート）

（出所）　内閣府公益認定等委員会「公益認定等ガイドライン」

第2章　新たな公益法人への移行認定申請

ポイント

◆事業区分ごとに、「不特定かつ多数の……」を説明するためのチェックポイントを設けてあるので、事業区分に当てはまる場合は、これに沿って説明する。

◆ただし、17の事業区分は典型例であり、この区分にあてはまらなくてもよい。その場合は別途、「該当しない場合」で説明すればよい。

◆事業区分は、収支相償の第一段階で用いる事業単位そのものではない。複数の事業区分をまとめて事業単位としてもよい（本章7参照）。この場合、事業単位のなかの事業区分ごとに「不特定かつ多数の……」を説明する必要がある。

4 チェックポイント

共通（17事業区分にない場合）

① 事業目的（趣旨：不特定多数でない者の利益の増進への寄与を主たる目的に掲げていないかを確認する趣旨。）

② 事業の合目的性（趣旨：事業の内容や手段が事業目的を実現するのに適切なものになっているかを確認する趣旨。）

 ア　受益の機会の公開（例　受益の機会が、一般に開かれているか）

 イ　事業の質を確保するための方策（例　専門家が適切に関与しているか）

 ウ　審査・選考の公正性の確保（例　当該事業が審査・選考を伴う場合、審査・選考が公正に行われることとなっているか）

 エ　その他（例　公益目的として設定した事業目的と異なり、業界団体の販売促進、共同宣伝になっていないか）

（出所）「公益認定等ガイドライン」

ポイント

- ◆17の事業区分におけるチェックポイントを集約したものなので、この考え方をしっかりと理解する。
- ◆**"受益の機会の公開"** に関する説明は非常に重要である。通常、何らかの機会の制限がなされていると考えられるが、制限されている合理的な理由を説明できるかがカギとなる。「機会が限定されている場合でも、例えば別表各号の目的に直接貢献するといった合理的な理由がある場合、不特定かつ多数の者の利益の増進に寄与するという事実認定をし得る。」(GL 参考 【補足】横断的注記(3)ア）とあるように、別表の目的に資するように質を担保するために合理的な参加要件を設けるという場合は問題はない。
- ◆奨学金の助成先を特定の大学の学生に限定していても、法人で合理的な基準を定め、その上で基準を満たす大学を選出するならば問題はないと考えられる。ただし、どの大学でもエントリーできること（機会の公開）について考慮しておいた方がよい。
- ◆会員制をとる法人で、制限を設けて会員に情報提供を行う場合でも、時間をおいて誰もが知り得る状態（誰でもアクセス可能なホームページに掲載するなど）にすれば問題はないと考えられる。
- ◆専門家の関与は、専門家の雇用を意味するものではない。ここでいう専門家とは、「事業の内容に応じて、企画、指導、審査等を行うのに必要な知識、技術、知見等を教育、訓練、経験等によって備えている者」(GL 参考 【補足】横断的注記(3)イ）を指すのであって、公的・私的機関の認定した有資格者のみを指しているわけではない。

5　18の認定基準

認定法5条の各号を要約すると、……
1　公益目的事業を行うことを主たる目的としている
2　経理的基礎及び技術的能力を有する
3　法人の関係者に対し特別の利益を与えない
4　営利事業者、特定の個人などに特別の利益を与えない（対公益法人を除く）
5　投機的な取引等の事業で社会的信用を維持する上でふさわしくないもの等を行わない
6　公益目的事業は収支相償を満たす
7　収益事業等が公益目的事業の実施に支障をきたさない
8　公益目的事業比率が50％以上
9　遊休財産額が保有制限額以下
10　親族等が理事総数・監事総数の3分の1以下
11　同一団体出身者が理事総数・監事総数の3分の1以下
12　会計監査人を置く（小規模法人を除く）
13　役員等報酬等支給基準を定める
14　一般社団法人は、(イ)社員の資格得喪に不当に差別的な条件を設けない、(ロ)社員の議決権に関する定款の定めが、不当に差別的な取扱いをせず、かつ提供した財産の価額で異なる取扱いをしないものとなっている、(ハ)理事会を置く
15　株式等の他の法人の意思決定に関与できる財産は限度を超えて保有しない
16　不可欠特定財産があれば、維持・処分の制限を含めて定款で定める
17　認定取消しや合併で消滅する場合の残余財産の贈与先を国、地方公共団体、学校法人等の公益的な法人に定款で定めている
18　清算する場合の残余財産の帰属先を国、地方公共団体、学校法人等の公益的な法人に定款で定めている

（出所）　認定法5条より筆者作成

第2章　新たな公益法人への移行認定申請

ポイント

◆ 2号の経理的基礎の部分の考え方は、①財務面で問題がなく、②財産管理・運用体制がしっかりしており、③会計に正確な数値を記載できるだけの経理能力があるかということである（本章19別表Eの「経理的基礎」の考え方参照）。

◆ 3号と4号の「特別の利益」とは、社会通念に照らして合理性を欠くかどうかで判断される（GL I 3参照）。

◆ 5号の「投機的な取引」については、「例えばポートフォリオ運用の一環として行う公開市場等を通じる証券投資等はこれに該当しない。」（GL I 4）としているが、「これ以外の取引は投機的であるとするものではありません。」（GL案パブコメ結果別添1-24）とあるように、公開市場を通じてないからといって直ちに「投機的な取引」とみなされるものではない。

◆ 会計上の数値を用いて判定される3つの財務基準（6号収支相償、8号公益目的事業比率、9号遊休財産額の保有の制限）については特に注意を要する。

◆ 10号、11号の役員の"3分の1のルール"は、特定の団体に支配されないために設定されている（本章24確認書参照）。

◆ 不可欠特定財産に入るものは、「一定の目的の下に収集、展示され、再収集が困難な美術館の美術品や、歴史的文化的価値があり、再生不可能な建造物等」（GL I 15(1)）と対象の範囲は狭い。ただし、認定前に取得したものでこれに該当すれば、公益目的事業財産であるにもかかわらず認定を取り消された場合でも贈与対象から除かれる。

◆ 他の団体の意思決定に関与できる株式等財産は議決権の50%までなら保有可能である（認定法令7条参照）。50%超を有する場合は、無議決権にするか、信託することでクリアできる（GL I 14）。

◆ 残余財産の贈与、帰属先については、申請時は定款に「17号に掲げる者」とするだけでよい（GL I 16）。

6　移行認定申請書類の構成

申請書：	→	事務所の場所と公益目的事業の範囲・種類・内容、収益事業の内容、認定後の名称、旧主務官庁名
別紙1：	→	申請書の詳細
別紙2：	→	認定法2条4号の公益目的事業に該当
別紙3：	→	認定法5条の主な基準に適合
別表A：	→	認定法5条6号（収支相償）に適合
別表B：	→	認定法5条8号（公益目的事業比率）に適合
別表C：	→	認定法5条9号（遊休財産額の保有制限）に適合
別表D：	→	認定法5条15号（株式等の保有制限）に適合
別表E：	→	認定法5条2号（うち経理的基礎の財政基盤の明確化及び情報開示の適正性）に適合
別表F：	→	別表Bのもととなる配賦について確認
別表G：	→	別表A、B、Cのもとになる会計数値（20年基準なら不要）を確認
別紙4：	→	添付書類一覧、役員等就任者名簿、確認書、定款の変更の案が「留意事項Ⅱ」と違う場合の説明

（出所）　移行認定申請書類をもとに筆者作成

第2章 新たな公益法人への移行認定申請

ポイント

◆移行認定には整備法100条の認定の基準に適合することが必要である。基準の適合については、基本的には提出書類による審査で行われることになるので、整備法で求める認定法上の基準等を満たしていることを明確に把握できる内容とすることが肝要である。

◆申請書の別紙2では公益目的事業（認定法の別表各号に該当、不特定かつ多数の者の利益の増進に寄与）、別表AからGで構成される別紙3では認定基準に適合することを確認する。

◆別紙4にかかる添付書類（本章23参照）では、例えば、「② 定款の変更の案」では法人法と認定法に適合するか（定款審査）、「⑥ 理事、監事及び評議員に対する報酬等の支給の基準を記載した書類」では5条13号の役員報酬等支給基準に適合するか、「⑦ 確認書」では6条の欠格事由にないこと及び5条10号の親族等からの理事・監事割合の制限、11号の他の同一の団体からの理事・監事割合の制限を満たし得るかについて確認する。

7 別紙2の「事業区分」のまとめ方

複数の事業区分をまたがる事業のまとめ方の例

```
⎰ 調査研究 → 「6 調査、資料収集」
⎱ その成果についてのシンポジウム → 「3 講座、セミナー、育成」

⎰ 競技会の開催 → 「14 表彰、コンクール」
⎱ 出場選手の強化育成 → 「3 講座、セミナー、育成」

⎰ セミナー → 「3 講座、セミナー、育成」
⎱ 同一場所で開催される展示会 → 「9 展示会、○○ショー」

⎰ 一定期間のセミナーの後 → 「3 講座、セミナー、育成」
⎱ 試験合格者に資格を付与 → 「2 資格付与」

伝統芸能の継承・発展の目的を達成する手段としての
  公演事業 → 「16 自主公演」
  人材育成事業 → 「3 講座、セミナー、育成」
  普及啓発事業 → 「3 講座、セミナー、育成」
  助成 → 「12 助成」
```

(注) 右はチェックポイントの事業区分。事業区分の判断は筆者
(出所) FAQ問Ⅴ-2-①、FAQ問Ⅷ-2-②の例示をもとに筆者作成

ポイント

◆ 相互に関連する事業として、研究とその成果の発表など連携していれば、1つにまとめることができる。

◆ 「事業に付随して行われる会議は、当該事業の一環として構わない」(GL【補足】横断的注記(2))のでこれも1事業単位に含めることができる。

◆ 「複数の事業を一つの事業としてまとめて申請した場合、その一部に公益性が認められなければ、当該まとめた後の事業全体が公益目的事業として認められないこともあり得ますので注意が必要です。」(GL案パブコメ結果別添3-69)とあるように、組み入れた事業ごとに「不特定かつ多数…」であることの確認をしておく必要がある。

8　別紙2-1：事業の一覧

事業単位ごとに記載

事業の区分		事業番号	事業の内容
公益目的事業		公1	認定法2条4号の事業。チェックポイントの17の事業区分で分けても、事業区分を複数まとめた単位ごとでもよい
		公2	
		公3	
収益事業等	収益事業	収1	（公益目的事業その他を支えるための収益事業）
		収2	
	その他の事業	他1	（受益者が会員に限られる場合など、主に共益事業）
		他2	

（出所）　移行認定申請書類をもとに筆者作成

ポイント

◆公益目的事業に入るものと、入らないものを選別した上で、公益目的事業比率等から公益目的事業とするものを決定する。

◆公益目的事業をどう分けるか。透明性の上では細かく分ける方がよいが、本来の事業との関連を無視してチェックポイントの事業区分で分けると、その後の会計が複数にまたがり煩雑になる。また、公益目的事業を細かく分けると収支相償の第一段階でやりにくくなるケースもある。

◆公益目的事業の関連性でまとめると、チェックポイントに基づき事業ごとの説明が必要となる。

9　別紙2-2：個別の事業の内容

事業単位ごとに作成
(1)　公益目的事業について

事業番号	事業の内容	当該事業の事業比率	
公1	☆☆振興事業	○	%

〔1〕事業の概要について(注1)
(事業実施のための財源、財産も含めて記載。重要な部分を委託している場合は委託部分がわかるように記載)

〔2〕事業の公益性について

定款上の根拠	第○条第○項第○号
別表の号	該当理由
1	本事業は、○○の向上を図るために△△を実施するものであって、□□を通じて☆☆に寄与する点において、「☆☆の振興を目的とする事業」であると考えます。
不特定多数の者の利益の増進に寄与する事実	
事業区分	該当理由
8　①…　②…　③…	その他説明事項 営利企業によっては過疎地等において供給されなくなる事業を、日本全国あまねくかつ広く、ユニバーサルサービスとして提供している。

〔3〕本事業を反復継続して行うのに最低限必要となる許認可等について

許認可等の名称	
根拠法令	
許認可等行政機関	○省○局○課

(2)　収益事業について

事業番号	事業の内容	定款上での根拠
収1	○○事業	第○条第○項第○号
事業の概要		
本事業を反復継続して行うのに最低限必要となる許認可等について		
許認可等の名称		
根拠法令		
許認可等行政機関		
本事業の利益の額が0円以下である場合の理由又は今後の改善方策について		
(当該管理費まで控除した額がゼロ円以下の場合に記載)		

(出所)　「申請の手引　移行認定編」をもとに筆者作成。〔2〕事業の公益性についての「別表の号」の「該当理由」、「事業区分」の「その他説明事項」の例は「申請の手引き　移行認定編」の記載例を掲載

ポイント 【重要】

◆ 事業の概要は財源や財産も含めて記載することになっており、重要な部分を委託している場合には、その箇所がわかるように記載する。

◆ "別表の号"及び"該当理由"は、FAQ問Ⅷ-1-④答に以下の例が掲載されているので参考になる。

① 最も関係の深い号のみの記載の場合、別表の号を「第1号」とし、「本事業は、〇〇分野の研究の充実を図るために研究者に対し研究助成金を支給するものであり、当該分野の研究を通じて学術の振興に寄与することから、「学術及び科学技術の振興を目的とする事業」に該当すると考える。」という理由を挙げている。

② 複数の号を記載する例には、別表の号を「第7号」と「第16号」とし、それぞれ「本事業は、児童が自然と触れあう自然体験教室を企画・開催するものであり、豊かな情操を育む経験を児童に与えることから、「児童の健全な育成を目的とする事業」に該当すると考える。」、「当法人は児童の健全な育成を法人の目的としているため、本事業は、第7号が最も関連が深いが、児童の時期に自然に触れ合うことを通じて、環境を大切にする感性を育むことも目的としており、「地球環境の保全を目的とする事業」にも該当すると考える。」という理由を挙げている。

◆ 不特定多数の者の利益の増進に寄与する事実の記載では、事業区分を選んだ際のチェックポイントに沿って、"該当理由"欄に理由を記入する。

◆ 事業によっては専門家の関与などがあるが、本章4でも触れたとおり、特に重要なのは**受益の機会の公開**である。実際には機会が制限されている場合が多いため、合理的な理由をもって説明できるかどうかが大きなポイントとなろう。例えば、①会員向け情報提供を時間差で一般に開示するケースや、②広く募集するが、法人で設けた基準に従って公正に選定した結果、奨学金助成の対象が特定の大学となるケースなどは、受益の機会は公開されているとみなされるようである。

10 別表Aの「収支相償」の考え方

認定法5条
> 六 その行う公益目的事業について、当該公益目的事業に係る収入がその実施に要する適正な費用を償う額を超えないと見込まれるものであること。

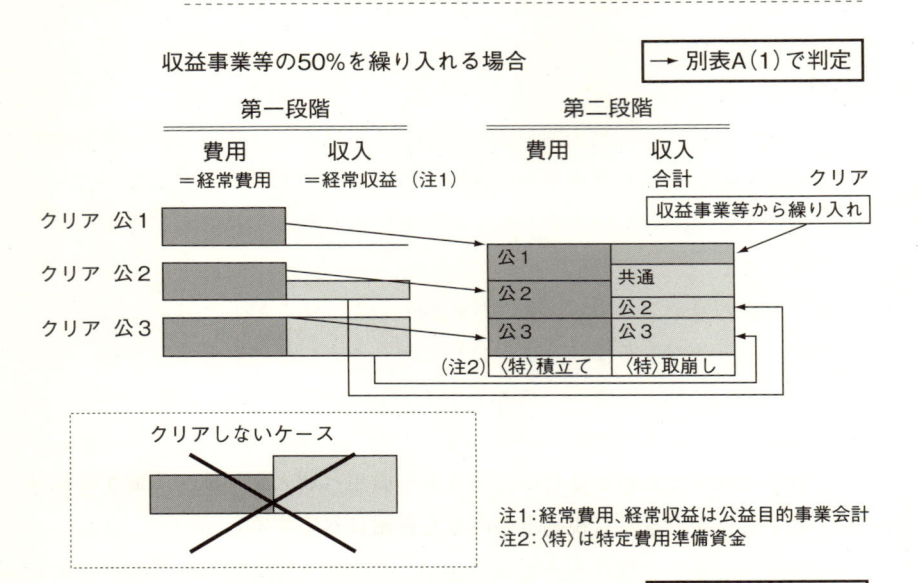

収益事業等の50%を繰り入れる場合　→ 別表A(1)で判定

第一段階
- 費用＝経常費用
- 収入＝経常収益（注1）

第二段階
- 費用合計
- 収入クリア
- 収益事業等から繰り入れ

クリア 公1
クリア 公2
クリア 公3

公1／公2／公3　｜　共通／公2／公3
（注2）〈特〉積立て　〈特〉取崩し

クリアしないケース

注1：経常費用、経常収益は公益目的事業会計
注2：〈特〉は特定費用準備資金

収益事業等の50%超を繰り入れる場合は　→ 別表A(2)で判定

（出所）筆者作成

第2章　新たな公益法人への移行認定申請

ポイント

◆公益目的事業である以上、原則として収入はその事業でその年度に全額支出するとの前提に立つ。
◆費用は会計上の経常費用、収入は会計上の経常収入の数値を用いる。
◆指定のない寄附などは、第一段階の収入はゼロとし、第二段階で一括で収入に入れても構わない。
◆収益事業等の収益から、収益事業等に按分される管理費を引いた額の半分は公益目的事業に入れなければならず、さらに前述のとおり、第二段階で一括ででてくるものもあるので、事業単位の収入の単純な合算よりも収入は増える場合がある。したがって、公益目的事業以外も含めて考えておく必要がある。
◆収益事業等から50％超繰り入れる場合は、公益目的保有財産の資産取得や改良に充てる資金への繰入れ、又は取得分を費用に入れ、重複を避けるため経常費用に計上される公益目的保有財産への減価償却費を控除する。その費用が収入を上回る分だけ、すなわち費用と収入が均衡する額まで繰り入れることができる（税制上のみなし寄附に対応する）。
◆第一段階で収入が費用を上回る場合は、相当額を特定費用準備資金として積み立て、原則として翌事業年度に収支相償を図ることになるが、さらにかかる場合はその計画を説明する。第二段階で剰余金が発生する際は、当該事業年度において公益目的保有財産に係る資産取得資金や公益目的保有財産取得に充てて解消を図るが、それも無理な場合は、翌年度に事業拡大等による損失などで解消できることを説明する（GL I 5及び第41回公益認定等委員会資料参照）。また、申請の際に剰余金を予定する場合でも、計画において解消できる説明がつけばクリア可能である。なお、検討の過程で剰余金を「短期の特定費用準備資金」として扱う考え方は撤回され、特定費用準備資金の扱いではなくなったため、剰余金のままであれば遊休財産額の保有制限にかかることになる（FAQ問V-2-⑤答4参照）。

11 別表A(1)：収支相償の計算（50％を繰り入れる場合）

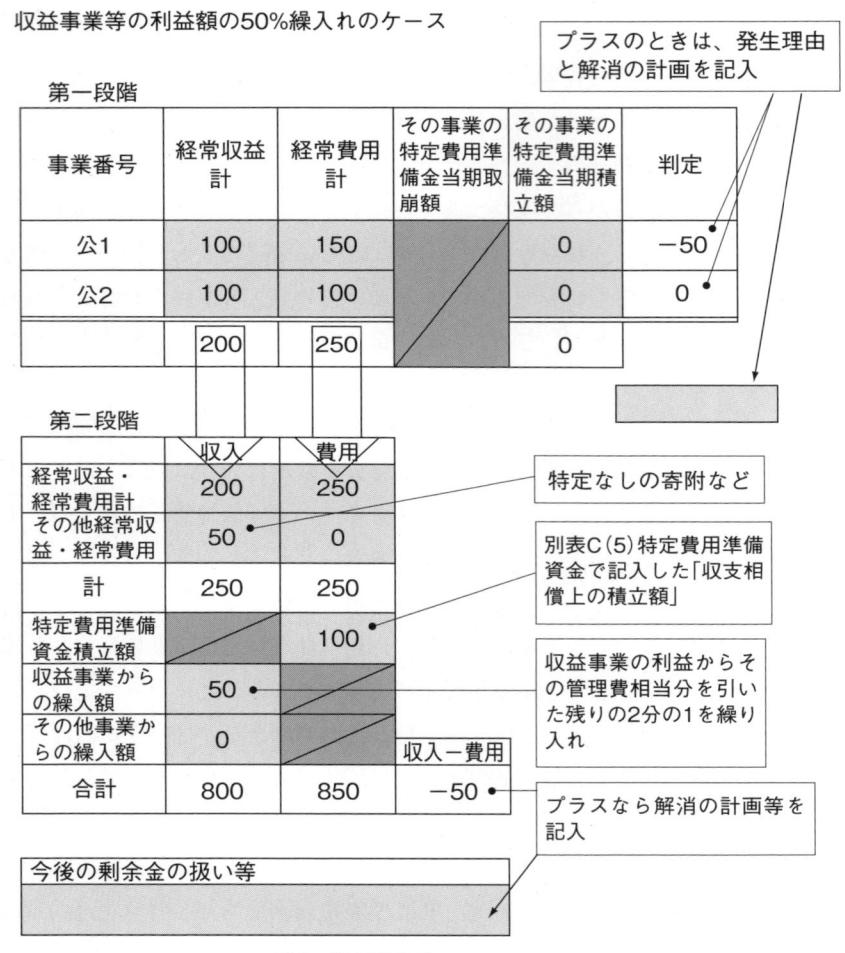

収益事業等の利益額の50％繰入れのケース

第一段階

事業番号	経常収益計	経常費用計	その事業の特定費用準備金当期取崩額	その事業の特定費用準備金当期積立額	判定
公1	100	150		0	－50
公2	100	100		0	0
	200	250		0	

※プラスのときは、発生理由と解消の計画を記入

第二段階

	収入	費用	
経常収益・経常費用計	200	250	
その他経常収益・経常費用	50	0	
計	250	250	
特定費用準備資金積立額		100	
収益事業からの繰入額	50		
その他事業からの繰入額	0		収入－費用
合計	800	850	－50

今後の剰余金の扱い等

- その他経常収益：特定なしの寄附など
- 特定費用準備資金積立額：別表C(5)特定費用準備資金で記入した「収支相償上の積立額」
- 収益事業からの繰入額：収益事業の利益からその管理費相当分を引いた残りの2分の1を繰り入れ
- 合計 －50：プラスなら解消の計画等を記入

（注）　数値は参考
（出所）　移行認定申請書類をもとに筆者が簡略化し、加筆

第2章　新たな公益法人への移行認定申請

ポイント

◆第一段階では事業単位ごとに各々判定し、プラスなら解消の理由と計画を記述する。
◆第二段階では、第一段階の合計値に各事業と関連しない収入、費用を加算し、さらに特定費用準備資金への積立てを費用に、収益事業からの繰入れ及び相互扶助事業などその他の事業からの繰入れを収入に算入する。
◆使途の定めのない社団の会費（「法人の運営に充てるため」（GL Ⅰ17(3)）を含む）の半分は公益目的事業財産（認定法18条8号、認定法規則26条1号）、使途の定めのない財団の寄附（賛助会費）は全額公益目的事業財産（認定法18条1号）となる。前者で会費の50％を超えて公益目的事業以外に使用する場合は、その割合を少なくとも「「○割」、「○分の1」程度には、」（GL Ⅰ17(3)）具体的な使途の定めが必要である。後者の場合、寄附（賛助会費）をもらう際に「一定割合を管理費に充てる」（FAQ Ⅵ問-1-①答2）というように、「寄附をした者が公益目的事業以外のために使用すべき旨」（認定法18条1号括弧書）を定めれば公益目的事業以外の使用も可能である（GL Ⅰ17(2)）。
◆収益事業等から2分の1を繰り入れる場合、事業費等の収支差額による黒字分の2分の1ではなく、当該事業等にかかった費用を按分するなどして引いた残りの2分の1を繰り入れるので注意する。
◆第二段階で剰余金が生じた場合は、その解消方法を「収支相償の額（収入費用欄）がプラスとなる場合の今後の剰余金の扱い等」欄に記入する。初年度から剰余金がでる予定があるとしても、解消する計画がしっかりしていれば問題はない。

12 別表A(2)：収支相償の計算（50%超を繰り入れる場合）

収益事業等の利益額の50%超繰入れのケース

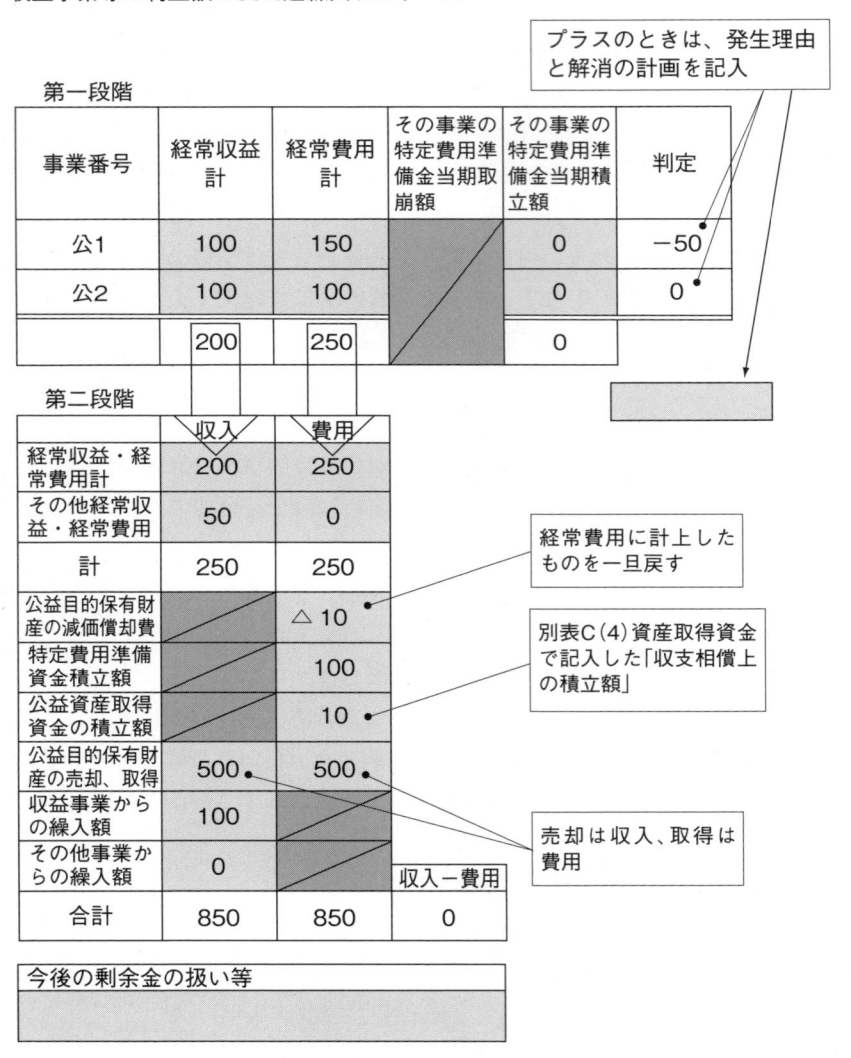

第一段階

事業番号	経常収益計	経常費用計	その事業の特定費用準備金当期取崩額	その事業の特定費用準備金当期積立額	判定
公1	100	150		0	−50
公2	100	100		0	0
	200	250		0	

> プラスのときは、発生理由と解消の計画を記入

第二段階

	収入	費用
経常収益・経常費用計	200	250
その他経常収益・経常費用	50	0
計	250	250
公益目的保有財産の減価償却費		△10
特定費用準備資金積立額		100
公益資産取得資金の積立額		10
公益目的保有財産の売却、取得	500	500
収益事業からの繰入額	100	
その他事業からの繰入額	0	
合計	850	850

収入−費用： 0

- 経常費用に計上したものを一旦戻す
- 別表C(4)資産取得資金で記入した「収支相償上の積立額」
- 売却は収入、取得は費用

今後の剰余金の扱い等

（注） 数値は参考
（出所） 移行認定申請書類をもとに筆者が簡略化し、加筆

第2章　新たな公益法人への移行認定申請

ポイント

◆50％繰入れと違うのは、費用側で経常経費として引いた減価償却費を戻し、資産取得資金と公益保有財産について考慮している点である。「減価償却費を控除しているのは公益目的保有財産の取得支出や公益目的保有財産に係る資産取得資金の積立額と機能が重複しているからで、必要に応じ資産取得資金を積んでいただくことになります。」（GL案パブコメ結果別添1-46の4）とあるように、重複を避ける意味がある。

◆公益目的保有財産を取得ではなく売却した場合は、収入側に算入する。

◆50％超を繰り入れる場合は、収支がバランスするところまで繰り入れることができることになっているので、「剰余金が生じることはありません。」（第41回公益認定等委員会資料3(1)）ということになる。

13 別表Ｂの「公益目的事業比率」の考え方

認定法5条

> 八　その事業活動を行うに当たり、第十五条に規定する公益目的事業比率が百分の五十以上となると見込まれるものであること。

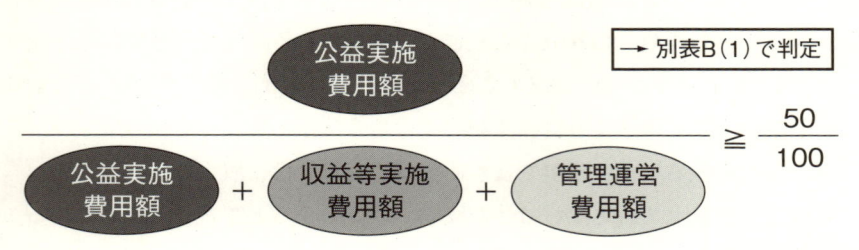

$$\frac{公益実施費用額}{公益実施費用額 + 収益等実施費用額 + 管理運営費用額} \geq \frac{50}{100}$$

→ 別表Ｂ(1)で判定

（出所）筆者作成

第2章　新たな公益法人への移行認定申請

ポイント

◆公益目的事業比率とは、公益目的事業会計及び収益事業等会計の事業費、法人会計の管理費にそれぞれの調整額を加味した数値から算出し、公益にかかる費用（公益実施費用額）が公益、収益等、管理運営にかかる費用（それぞれ公益実施費用、収益等実施費用、管理運営費用）合計の50％以上となることを確認するものである。

◆収入側は考慮せず費用項目のみから算出する点に注意を要する。

◆公益目的事業比率が数字で表され、それが算定結果となるので、収支相償のように限度を上回った場合の対策がとれないので注意が必要である。

◆公益実施費用額又は収益等実施費用額と、管理運営費用額の配賦が困難な場合は管理運営費用額とすることも可能である（認定法規則19条）。

14 別表B(1)：公益目的事業比率の算定総括表

別表B(1)

公益目的事業に係る事業費の額	4	
調整額　土地の賃料相当額	5	
融資差額	6	
ボランティア	7	
特定費用準備資金積立額	8	
特定費用準備資金取崩額	9	
引当金取崩額	10	
財産の譲渡損等	11	
調整額計	12	
⟨公益実施費用額⟩	13	

収益事業等に係る事業費の額	14	
調整額　土地の賃料相当額	15	
融資差額	16	
ボランティア	17	
特定費用準備資金積立額	18	
特定費用準備資金取崩額	19	
引当金取崩額	20	
財産の譲渡損等	21	
調整額計	22	
⟨収益等実施費用額⟩	23	

管理運営費の額	24	
調整額　土地の賃料相当額	25	
融資差額	26	
ボランティア	27	
特定費用準備資金積立額	28	
特定費用準備資金取崩額	29	
引当金取崩額	30	
財産の譲渡損等	31	
調整額計	32	
⟨管理運営費用額⟩	33	

（出所）　移行認定申請書類より筆者作成

第2章　新たな公益法人への移行認定申請

ポイント

◆総括表の基礎となる計算表（別表B(5)）では、事業単位ごと（共通も含む）の費用を記入するので、その費用の適正配賦が問題となる。

◆公益実施費用額、収益等実施費用額、管理運営費用額は、経常費用にみなし費用額や引当金等の取崩額、財産の譲渡損等を調整額として加算（減算）して算出されるので、会計上の数値以外の要素も考慮に入れる。

◆みなし費用となり得るのは、①土地の賃料相当額、②融資差額、③いわゆるボランティア、④特定費用準備資金の当期積立額である。

◆みなし費用の土地の賃料相当額の算定方法は法人の選択によるが、算定根拠を明らかにする必要がある。

◆みなし費用のボランティア（無償の役務の提供）については、低廉な対価の差額も認められている（GL案パブコメ結果別添1-117）。

◆みなし費用の融資差額は、奨学金の貸与等で会計上の費用とならない点をカバーするものである。通常、長期プライムレート等と融資金利の差額として求められる。

◆みなし費用の特定費用準備資金は、「例えば10年の長期を超えるような事業は、積立て対象として適当ではない。」（GL Ⅰ7(5)①）としているが、10年超のものは認められないというものではない（GL案パブコメ別添1-95参照）。また、積立額と取崩額の両方を考慮するものであるが、申請初年度に取崩額は発生しないので申請時には積立額のみ記載する。

◆公益・収益で共有している土地などでみなし費用を算入する場合、公益目的事業だけ算入することはできず、収益事業等費用も算入する必要がでてくる（GL案パブコメ別添1-81）ので、みなし費用を考慮することで必ず比率が上昇するとは限らない。

◆資産運用の損失は費用として算入されないなど、みなし費用以外の調整もなされている。

15 別表B(5)：公益目的事業比率算定に係る計算表

I 事業実施に係る経常費用の額（事業の額）

	公益実施費用額				収益等実施費用額				管理運営費用額	合計（参考）
	公1	公2	共通	公益実施費用額計	収1	他1	共通	収益等実施費用額計		
経常費用額										

→ 収支予算書

II 土地の使用に係る費用額（別表B(2)より）

NO.	所在地	公益実施費用額				収益等実施費用額				管理運営費用額	合計（参考）	配賦基準
		公1	公2	共通	公益実施費用額計	収1	他1	共通	収益等実施費用額計			
1												

【別表B(2) 土地の使用に係る費用額の算定】
事業費に算入すべきみなし費用額合計（4欄-5欄） 6

III 融資に係る費用額（別表B(3)より）

NO.	貸付の内容	公益実施費用額				収益等実施費用額				管理運営費用額	合計（参考）
		公1	公2	共通	公益実施費用額計	収1	他1	共通	収益等実施費用額計		
1											

【別表B(3) 融資係る費用額の算定】
費用額に算入する額 7

IV 無償の役務の提供等に係る費用額（別表B(4)より）

NO.	役務提供等の名称	公益実施費用額				収益等実施費用額				管理運営費用額	合計（参考）	配賦基準
		公1	公2	共通	公益実施費用額計	収1	他1	共通	収益等実施費用額計			
1												

【別表B(4) 土地の使用にかかる費用額の算定】
費用額に算入する総額（5欄-6欄） 7

V 特定費用準備資金当期積立額（別表C(5)より）

NO.	特定費用準備資金の名称	公益実施費用額				収益等実施費用額				管理運営費用額	合計（参考）
		公1	公2	共通	公益実施費用額計	収1	他1	共通	収益等実施費用額計		
1											

別表C(5) 特定費用準備資金
【当年度】（計画全体のうち、当年度分の数字を転記）

年度	積立額
	円

(VI 申請時不要のため省略)

VII 引当金の取崩額（マイナス額で記載）

NO.	引当金の名称	公益実施費用額				収益等実施費用額				管理運営費用額	合計（参考）
		公1	公2	共通	公益実施費用額計	収1	他1	共通	収益等実施費用額計		
1											

VIII 財産の譲渡損等の額（認定法施行規則15条1、3、4項をマイナス、2項をプラスで記載）

NO.	財産の名称	公益実施費用額				収益等実施費用額				管理運営費用額	合計（参考）
		公1	公2	共通	公益実施費用額計	収1	他1	共通	収益等実施費用額計		
1											

（出所）　移行認定申請書類より筆者作成

第2章　新たな公益法人への移行認定申請

ポイント

- ◆別表B(1)は総額であり、これを作成するために、別表B(2)～(5)及び別表C(5)等で事業ごとに作成した数値を別表B(5)に転記する。
- ◆別表B(2)の土地の使用に係る費用額については、賃料相当額とその算定根拠、及び固定資産税等負担額とその算定根拠を示し、事業ごとに事業内容と土地の使用方法、配賦額を記入する。土地が複数ある場合は「NO.」を分けてそれぞれ作成する。賃料相当額−負担額がみなし費用額となる。
- ◆別表B(3)の融資に係る費用額には、借入れをして調達した場合の利率と実際の貸付利率を記入し、費用額に算入する算定根拠を示す。通常、両者の差に平均残高をかけた額がみなし費用の額となる。
- ◆別添B(4)の無償の役務の提供等に係る費用額は、「法人が受けた役務等の提供が無償により行われた場合に限らず、低廉な対価を法人が負担した場合にも、必要対価の額との差額についてみなし費用として算入」でき（GL案パブコメ結果別添1-117）、役務提供の対価−支払対価がみなし費用となる。役務提供の対価は、「合理的な算定根拠に拠るか、役務等の提供地における最低賃金」（GL I 7(4)②）で計算する。
- ◆特定費用準備資金は公益目的事業以外にも積み立てることは可能だが、別表C(5)の特定費用準備資金当期積立額のうち、比率向上に寄与するのは公益目的事業にかかるみなし費用額である。

16 別表Cの「遊休財産額の保有制限」の考え方

認定法5条

> 九 その事業活動を行うに当たり、第十六条第二項に規定する遊休財産額が同条第一項の制限を超えないと見込まれるものであること。

→ 別表C(1)で判定

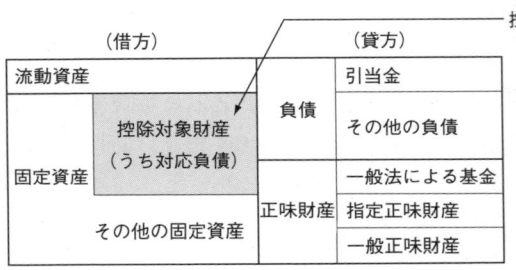

(借方)	(貸方)	
流動資産	負債	引当金
控除対象財産 (うち対応負債)		その他の負債
固定資産	正味財産	一般法による基金
その他の固定資産		指定正味財産
		一般正味財産

控除対象財産
1 公益目的保有財産
2 収益事業・管理活動財産
3 資産取得資金
4 特定費用準備資金
 (公益目的事業以外も含む)
5 交付者の定めた使途のとおり使用・保有する財産
6 交付者の定めた使途のとおり保有する資金

```
資産
-負債
-法人法の基金
-控除対象財産（対応負債を除く）
＝遊休財産
```

```
事業費（公益目的事業）
＋特定費用準備資金の公益実施費用額への算入額
-公益実施費用額から控除する引当金の取崩額
-財産の譲渡損等（＝-譲渡損失-同評価替えの減額
                -同運用損）
＋収支予算書未計上の商品・製品の譲渡原価
＝公益目的事業の実施に要した費用の額に準ずる額
```

遊休財産額 ≦ 公益目的事業の実施に要した費用の額に準ずる額

(出所) 移行認定申請書類をもとに筆者作成

ポイント

◆収支予算書の期末の見込みで記入する。

◆遊休財産額の保有制限は、指導監督基準で内部留保を30％程度以下としたルールと同じ意味合いであり、目的のはっきりしない財産の保有を制限することにある。

◆ただし、遊休財産の保有を一切禁じているのではなく、公益目的事業にかかった費用の1事業年度分まではバッファーとしてもっていてよい。

◆財産の使用・保有目的を明確にすることで、前頁の図表の1から6の控除対象財産にできれば、遊休財産は圧縮可能である。

◆判定結果として、「遊休財産額の保有上限額の超過の有無」の欄に結果がでてくるため、収支相償と違い限度を上回った場合の対策をとることができない。したがって、申請時には上限からある程度余裕をもった水準としておくことが、認定後の取消しリスクを避ける意味で望ましい。

17　別表Ｃ(2)：控除対象財産

1．公益目的保有財産

番号	財産の名称	場所		事業番号 ※1	財産の使用状況（概要、使用面積、使用状況等）	帳簿価額		不可欠特定財産	共用財産
			面積、構造、物量等			期首※2	期末※2	取得時期	共用割合
1	○○会館	○県○市1-1	延べ床面積300平米	公1	1～3階をセミナー会場として使用	75,000,000 円	75,000,000 円	―	2-1　75%

2．公益目的事業に必要な収益事業等その他の業務又は活動の用に供する財産

番号	財産の名称	場所		事業番号 ※1	財産の使用状況（概要、使用面積、使用状況等）	帳簿価額		共用財産
			面積、構造、物量等			期首※2	期末※2	共用割合
1	○○会館	○市1-1	延べ床面積100平米	管	4階を管理事務所として使用	25,000,000 円	25,000,000 円	1-1　25%

3．資産取得資金（別表Ｃ(4)より）

番号	資金の名称	事業番号 ※1	資金の目的	帳簿価額		公益目的保有財産	共用財産
				期首※2	期末※2		共用割合
1	○○会館修繕積立金	公1	○○会館の修繕のために積み立てているもの	7,500,000 円	7,500,000 円	○	3-2　75%
2	○○会館修繕積立金	管	○○会館の修繕のために積み立てているもの	2,500,000 円	2,500,000 円		3-1　25%

4．特定費用準備資金（別表Ｃ(5)より）

番号	資金の名称	事業番号 ※1	資金の目的	帳簿価額	
				期首※2	期末※2
1	○○事業実施積立資金	公2	○○事業拡充のために積み立てているもの	1,000,000 円	1,000,000 円

5．交付者の定めた使途に従い使用・保有している財産（1～4に記載した財産は含まれません。）

番号	財産の名称	事業番号 ※1	交付者の定めた使途	帳簿価額	
				期首※2	期末※2
1	○○ビル	収1	賃料収入を○○事業に充当	500,000,000 円	500,000,000 円

6．交付者の定めた使途に充てるために保有している資金（1～4に記載した資金は含まれません。）

番号	財産の名称	事業番号 ※1	交付者の定めた使途	帳簿価額	
				期首※2	期末※2
1	○○基金	公3	○○研究事業の実験用具購入費用に充当	10,000,000 円	10,000,000 円

※1　管理運営に用いる財産は、「管」
※2　収支予算書の期首、期末
（出所）移行認定申請書類より各種資料を参考に筆者作成

ポイント

◆遊休財産とはならない財産として控除される控除対象財産は6種類からなる。

◆公益目的保有財産は公益目的事業財産に含まれるため、同財産からの収入は、原則として、公益目的事業のためのみの使用となり、また認定取消しの際は、残額すべてが贈与の対象となる。

◆金融資産を「公益目的保有財産」や「公益目的事業に必要な収益事業等その他の業務又は活動の用に供する財産」(以下「収益事業・管理活動財産」)とすることも可能である。この場合、貸借対照表で基本財産を特定資産として他と区別する必要がある。なお、資産運用益を充てる場合の元金部分をこれらの財産にすることも可能である。

◆収益事業・管理活動財産とする金融資産は合理的な範囲内において認められるものであり、合理的な範囲については「事業管理費や共通費用を事業費に配賦してもなお残る一般管理費として、同種同規模の法人で通常生ずべき費用を賄える範囲」(GL案パブコメ別添1-154)となっている。

◆「資産取得資金」は、対象が具体的な減価償却引当資産、建物の修繕積立金、土地取得のための積立金も「特定費用準備資金」並みの要件を満たしていれば該当する(FAQ問V-4-④参照)。ただし、「運転資金に流用した場合、目的外取崩しとなり全額取り崩される」(GL案パブコメ結果別添1-141)ので注意が必要である。

◆指定正味財産等、寄附者の定めによるものであれば、金融資産を「交付者の定めた使途に充てるために保有している資金」としてもつことも可能である。

18　別表Ｄ：他の団体の意思決定に関与することができる財産保有の有無

　他の団体の意思決定に関与することができる株式その他の認定法施行規則第4条で定める財産について、保有の有無、保有している場合には、その内容を記載してください。

保有の有無		☐ 保有していない		☑ 保有している	
他の団体の意思決定に関与することができる財産の内容		当該他の団体の主な業務の内容		議決権の割合	
他の団体の名称	財産の名称			（注）	
（株）〇〇	株式	〇〇業		〇〇	％

（出所）　移行認定申請書類より筆者作成

第2章　新たな公益法人への移行認定申請

ポイント

◆ 保有株式等の制限は、株式等の保有によって、実質的に収益事業と同じ効果を得ることで公益目的事業比率の抜け穴となるのを防ぐ意味がある。

◆ 保有株式等にかかる認定法の基準（5条15号）で、他の団体の意思決定に関与することができる株式等は、株主総会等の議決権の過半数（認定法令7条）を有していない場合を除いて、保有しないことになっている。つまり、株式等をもつことは禁じていないが、議決権の50％を超えていない必要がある。

◆ すでに株式会社の株を50％超保有している場合については、「例えば、無議決権株にするか議決権を含めて受託者に信託」（GL I 14）すればクリアすることができる。

◆ 申請書別表Dでは、他の団体の株式等保有の有無と保有財産の内容、他の団体の主な業務、議決権の割合を記載することで、基準を満たしているかどうかチェックされる。

◆ なお、別表Dには注として「正確な数字を把握していない場合には、概数を記載してください」とあり、厳密な数値以外は一切、受け付けないというわけではない。

19 別表Eの「経理的基礎」の考え方

(1)	財政基盤の明確化	寄附金があれば、	→大口拠出者の氏名又は名称と金額
		会費収入があれば、	→近年の納入実績、延べ数と金額
		借入れの予定があれば、	→借入計画と金額
(2)	経理処理・財産管理の適正性		→申請の際のチェック項目なし
(3)	情報開示の適正性	会計監査人による外部監査を受けている場合	→記入不要
		会計監査人による外部監査を受けていない場合	
		(1)公認会計士・税理士が監事ならば、	→監事の氏名等
		(2)公認会計士・税理士が監事でなく、費用及び損失又は収益が1億円未満ならば、	→経理の経験が例えば5年以上ある者が監事を務める説明
		(3)(1)、(2)のどちらでもない場合、	→経理事務精通者の関与を説明

(出所)「公益認定等ガイドライン」、移行認定申請書類より筆者作成

ポイント

◆認定法5条2号では、**経理的基礎**と**技術的能力**を有することを基準として求めている。前者の経理的基礎については、(1)財政基盤の明確化、(2)経理処理・財産管理の適正性、(3)情報開示の適正性からなる（GL I 2）が、(2)経理処理・財産管理の適正性については、申請時点での確認事項ではなくなったため、別表Eで(1)と(3)のみ記載する様式になっている。

◆**経理的基礎**の(1)財政基盤の明確化では、①寄附金、②会費収入、③借入金

の収入見積もりの適正性をみることになっており、いずれかが収入として見込まれる場合に記載する。

◆**寄附金**については、大口拠出者上位5者までの氏名等と寄附金額を記載することになっている。ただし、「収入見積もりの適切性を確認するためのものであり、寄附金は確定している範囲で構いません。」（GL案パブコメ結果別添1-10）とあり、必ず5者の名前が必要というわけではない。匿名が条件の場合も考慮して、「個別に確認する場合」（同）もあり得るとしている。また、寄附金は通常、公益目的事業に使用することになっている（認定法18条1号）が、「公益目的事業以外のために使途を特定した寄附金がある場合」（別表E）は、募集要綱等の特定の内容が確認できる書類を添付することになっている。

◆**会費収入**については、「積算の根拠について、近年の会費収入の納入実績及び納入者の延べ数」（別表E）を記載するよう求めている。ただし、以前、「単価の積算根拠を求めているものではありません。」（GL案パブコメ結果別添1-18）という考え方を示していることから、特別の理由がない限り、単価の根拠まで細かく記載する必要はない。

◆**借入れの予定**については、借入れ予定の額以外に借入れの目的や返済計画等の記載が求められている。また、「複数の借入れがある場合には、借入れ先ごとに記載」（別表E注3）する必要があるので、まとめて記載しないよう注意する。

◆**情報開示の適正性**については表のとおり、会計監査人がいるかどうかから始まり、順を追うごとに多くの説明が必要になる形式をとっている。

◆別表Eにはないが、**技術的能力**については、「不特定かつ多数の者の利益の増進に寄与すること」の説明で専門家の関与をチェックポイントとしている場合は、これを満たすことが必要である。専門家は雇用している必要はなく、関与する体制にあればよい。また、受注した事業の外部への"丸投げ"は、この技術的能力がないということで基準に抵触する可能性がある（第36回内閣府公益認定等委員会議事録参照）。

20 別表Fの「配賦」の考え方

公益認定等ガイドラインでの事業費と管理費

認定規則第13条（認定法第15条の公益目的事業比率の算定のための費用の額を定めるもの）第2項の「事業費」「管理費」の定義は次のとおりとする。
ⅰ 事業費：当該法人の事業の目的のために要する費用
ⅱ 管理費：法人の事業を管理するため、毎年度経常的に要する費用
（管理費の例示）
　総会・評議員会・理事会の開催運営費、登記費用、理事・評議員・監事報酬、会計監査人監査報酬。
（事業費に含むことができる例示）
　専務理事等の理事報酬、事業部門の管理者の人件費は、公益目的事業への従事割合に応じて公益目的事業費に配賦することができる。
　管理部門（注）で発生する費用（職員の人件費、事務所の賃借料、光熱水費等）は、事業費に算入する可能性のある費用であり、法人の実態に応じて算入する。
　（注）管理部門とは、法人本部における総務、会計、人事、厚生等の業務を行う部門である。

（出所）「公益認定等ガイドライン」より筆者作成

公益法人会計基準での事業費にかかる取扱要領

　旧基準（平成16年改正基準）：事業の目的のために直接要する費用で管理費以外のもの
　新基準（平成20年4月11日決定）：事業の目的のために要する費用

（出所）　公益法人会計基準（平成16年及び平成20年）より筆者作成

第2章 新たな公益法人への移行認定申請

ポイント
◆事業費の考え方は、事業の目的のために単に要する費用で、"直接"要する費用としなくてよいことから、従来、管理費に入れていた人件費などの一部は事業費に配賦することが可能である。
◆事業費と管理費の両方に共通して発生する費用は、次頁の配賦基準を参考にする。ただし、配賦割合の根拠についてはあまり神経質になる必要はなく、「過去の活動実績、関連費用のデータなどから法人において合理的と考える程度の配賦割合を決めてもらえばよく、その算定根拠を詳細かつ具体的に記載することは求めていませんし、法人においてデータ採取等のために多大な事務負担をかけていただくことはありません。」(FAQ問Ⅴ-3-②答2)とあるように、過去の従事割合などを参考に大まかに決めれば問題ない。

21　別表F：配賦計算表

別表F　(1)　役員等の報酬

番号	役職	役員等の氏名	報酬の額	配賦基準	公益目的事業会計				収益事業等会計				法人会計
					公1	公2	共通	小計	収1	他1	共通	小計	
1	理事長	○○○○	5,000,000	従事割合			4,500,000						500,000
							90.0%						10.0%
							4,500,000						500,000

別表F　(2)　役員等の報酬・給与手当以外の経費

番号	科目名	各事業に関連する費用		配賦基準	公益目的事業会計				収益事業等会計				法人会計
		費用の名称	費用の額		公1	公2	共通	小計	収1	他1	共通	小計	
1	減価償却費	○ビル減価償却費	15,000,000	建物面積比			10,000,000						5,000,000
							66.7%						33.3%
							10,000,000						5,000,000

（出所）　移行認定申請書類より筆者作成

参考：公益認定等ガイドラインで示された配賦基準

配賦基準	適用される共通費用
建物面積比	地代、家賃、建物減価償却費、建物保険料等
職員数比	福利厚生費、事務用消耗品費等
従事割合	給料、賞与、賃金、退職金、理事報酬等
使用割合	備品減価償却費、コンピューターリース代等

（出所）　公益認定等ガイドライン

第2章 新たな公益法人への移行認定申請

ポイント

- ◆役員等の報酬の役職欄は、「理事、監事、評議員のいずれかを記載」(「移行認定申請の手引き 48頁」)とあるが、書き方は理事長など定款で規定している通称名でも問題ない。また、「常勤、非常勤を括弧で記載」(同)、「使用人と兼務している場合は、括弧でその旨記載」(同)とあるので、そのとおり括弧書きで記載する。使用人兼務は、「役員等の報酬部分だけを記載」(同)することになっているので、使用人部分は除く必要がある。
- ◆無報酬の役員はまとめて、「その他の理事、監事、評議員は全て無報酬」(同)とすることもできる。
- ◆役員等の報酬の配賦基準は、費用按分ではなく従事割合とするのが無難である。事業に従事する役員の役員報酬は、多くを管理費でなく事業費とすることが可能であるが、役員は理事会等への出席もあるので、すべてを事業費とすることは無理のようである。
- ◆役員報酬・給与手当以外の経費についても、通常、「建物減価償却費であれば建物面積比、備品減価償却費であれば使用割合、福利厚生費であれば職員数比など」(移行認定申請の手引き 49頁)としているように、公益認定等ガイドラインで示された配賦基準(前頁の表)に従った区分で基準を決めることになるが、同表以外の方法とする場合は、十分な根拠をもって説明する必要がでてくるものと考えられる。

22　別表G：収支予算の事業別区分経理の内訳表

科　目	公益目的事業会計				収益事業等会計				法人会計	内部取引控除	合計
	公1	公2	共通	小計	収1	他1	共通	小計			
Ⅰ　一般正味財産増減の部											
1．経常増減の部											
(1)経常収益											
基本財産運用益											
中科目別記載											
事業収益											
中科目別記載											
・											
経常収益計											
(2)経常費用											
事業費											
給料手当											
・											
管理費											
役員報酬											
・											
経常費用計											
評価損益等調整前経常増減額											
基本財産評価損益等											
特定資産評価損益等											
投資有価証券評価損益等											

（出所）　移行認定申請書類より筆者作成

第2章　新たな公益法人への移行認定申請

ポイント

◆一般正味財産と指定正味財産に大きく分け、一般正味財産は経常増減と経常外増減に分ける。経常増減は経常収益と経常費用に分け、さらに経常費用は事業費と管理費に分ける。これらは、必要な範囲で作成する。

◆最大の特徴は、事業別に公益目的事業会計、収益事業等会計、法人会計に区分して経理する点にある。その上で前2者は事業単位ごとに区分するので、公益目的事業会計欄では「公1」「公2」のように、収益事業と相互扶助事業等の2種類ある収益事業等会計欄では「収1」や「他1」のように表示する。

◆使途の指定のない寄附金など、どの事業に区分すべきかわからないものは、「共通」として一括表示することもできる。また、経常費用で、事業費は事業会計のみ、管理費は法人会計のみ表れるので、この点に注意が必要である。

◆平成20年4月11日決定の平成20年公益法人会計基準では、平成16年公益法人会計基準をベースに新法に沿って作り変えられており、別表Gとほぼ同じである。したがって、平成20年公益法人会計基準を採用している法人は別表Gは不要となる。法的な要請は公正、妥当な会計基準を用いるにとどまるが、申請及び移行後の財務書類は平成20年公益法人会計基準に準じた区分経理を求められているので、利便性の点からも早期採用が望ましい。

23　別紙4：その他の添付書類

①	定款（特例民法法人としての定款）
②	定款の変更の案（認定を受けた後の法人としての定款）
③	定款の変更に関し必要な手続を経ていることを証する書類（社員総会・評議員会等の議事録の写し）
④	登記事項証明書
⑤	役員等就任予定者の名簿
⑥	理事、監事及び評議員に対する報酬等の支給の基準を記載した書類
⑦	確認書
⑧	許認可等を証する書類（※許認可等が必要な場合のみ）
⑨	滞納処分に係る国税及び地方税の納税証明書（過去3ヶ月に滞納処分がないことの証明）
⑩	前事業年度の事業報告及びその附属明細書
⑪	事業計画書
⑫	収支予算書
⑬	前事業年度末日の財産目録
⑭	前事業年度末日の貸借対照表及びその附属明細書
⑮	事業計画書及び収支予算書に記載された予算の基礎となる事実を明らかにする書類（前年度の正味財産増減計算書等）
⑯	事業・組織体系図（※作成不要の場合あり）
（以下は必要な場合に提出すべき添付書類）	
⑰	最初の評議員の選任に関する旧主務官庁の認可書の写し（※特例財団法人の場合のみ）
⑱	社員の資格の得喪に関する細則（※特例社団法人の場合であって、定款のほかに、社員の資格の得喪に関し何らかの定めを設けている場合のみ）
⑲	会員等の位置づけ及び会費に関する細則（※定款のほかに、会員等の位置づけ及び会費に関する何らかの定めを設けている場合のみ）
⑳	寄附の使途の特定の内容がわかる書類（※公益目的事業以外に使途を特定した寄附がある場合のみ）
㉑	定款の変更の案についての説明書（※留意事項と異なる定款の定めをしている場合のみ）

（出所）　内閣府公益認定等委員会事務局「申請の手引き　移行認定編」

第2章　新たな公益法人への移行認定申請

ポイント

◆申請の際に一般的な内規提出の義務はないが、「役員等報酬支給基準」の定めは認定基準になっているので⑥として提出が必要となる。

◆⑨の地方税の納税証明書は、当初は地方公共団体側の対応が遅れた部分である。「様式が自治体ごとに異なるため、各地方公共団体の税担当窓口にお問い合わせください。」（移行認定申請の手引き 52頁）とあり、スケジュールどおりに進めるためにも、早めに確認しておく方がよい。

◆⑪⑫の事業計画書と収支予算書は、申請日以降の事業年度のものであり、申請年度か、翌年度のものを用いる。年度末に近く、翌年度の予算が揃っているなら翌年度のものの方が望ましい。

◆認定基準の財務にかかる指標（収支相償、公益目的事業比率、遊休財産額の保有制限）は、収支予算書の数値で算定するので、事業費と管理費について配賦等、従来と異なる処理を行うことで適合できる場合は、収支予算書は変更済みのものである必要がある。

◆⑬⑭で添付する前年度の財産目録、貸借対照表等は、申請前年度のものであるが、年度終了から3ヶ月以内で前年度のものを作成していない場合は、申請前々年度のものでよい。

◆特例財団法人は、最初の評議員の選任方法について旧主務官庁による認可が必要（整備法92条）なため、⑰はその写しを添付書類としたものである。最初の評議員の選任方法は旧主務官庁ごとに対応が異なるので、認可申請前に旧主務官庁に確認をとっておくことが望まれる。

24 確認書

事業	自	年	月	日	法人コード	
年度	至	年	月	日	法人名	

確認書

年　　月　　日

　　　　　殿

　　　　　　　　　　法人の名称
　　　　　　　　　　代表者の氏名　　　　　印

　一般社団法人及び一般財団法人に関する法律及び公益社団法人及び公益財団法人の認定等に関する法律の施行に伴う関係法律の整備等に関する法律（平成18年法律第50号）第44条の認定の申請をするに際し、当法人は、下記1のすべての事項に適合し、かつ、下記2のいずれの事項にも該当しないことを確認しました。

記

1　公益社団法人及び公益財団法人の認定等に関する法律（平成18年法律第49号。以下「認定法」という。）第5条第10号及び第11号に規定する公益認定の基準

2　認定法第6条第1号ロからニまで、第3号及び第6号に規定する欠格事由

（出所）　移行認定申請書類

第 2 章　新たな公益法人への移行認定申請

◨ポイント◧

◆認定法 5 条10号、11号の理事・監事の "3 分の 1 のルール" に抵触しないことや同 6 条の欠格事由にないことについては、申請時には確認書によることになっている。申請の手引きには、「 1 及び 2 を法人において確認した際の根拠資料（例えば、役員等就任予定者から提出を受けた誓約書、他の団体の理事等の兼務状況の届出書等がある場合はそれらの書類）は、行政庁への提出は不要です。」（移行認定申請の手引き 55頁）とあるように、何を根拠として判断したかという書類は申請の際、提出しなくてよいことになっている。しかし、「10年間はこれら資料をその主たる事務所に保存しておいてください。」（同）とあることから、認定後も証拠を残しておくことは必要である。

◆他の同一の団体とは、「基本的には法人格を同じくする単位」（FAQ 問Ⅳ-2-①）である。国の機関については、「一般的には事務分掌の単位」（移行認定申請の手引き 55頁）であるが、「法人の目的、事業が国全般に関係する場合には国の機関全体で考える」（同）としている。

◆地方公共団体は、通常、その団体ごとで考える。複数の法人格からなる企業グループについては、同一とはみなされないが、同一親族等による支配の実態によって実質的に同一性を有する場合は同一とみなされることもあり得る。法人格によらず、任意団体も 1 つの団体として考える。公益社団法人、公益財団法人から 3 分の 1 を超えて出す場合に限り、"3 分の 1 のルール" に抵触しないことになっており、認定法 5 条17号で贈与先となり得る非営利法人であっても、理事（監事）総数の 3 分の 1 を超えることは許されない。

◆監事は、総数 1 、 2 名という場合も少なくないが、 1 名は合計数でなく、 2 名で 1 名ずつ別の団体から受け入れた場合も合計数を観念することはできないので問題はないが、総数 2 名で両名を同一団体から受け入れる場合や、総数 3 名で 2 名を同一団体から受け入れる場合は、"3 分の 1 のルール" に抵触する（FAQ 問Ⅳ-2-②参照）。

25 事業・組織体系図

(複数の事業・組織がある場合)

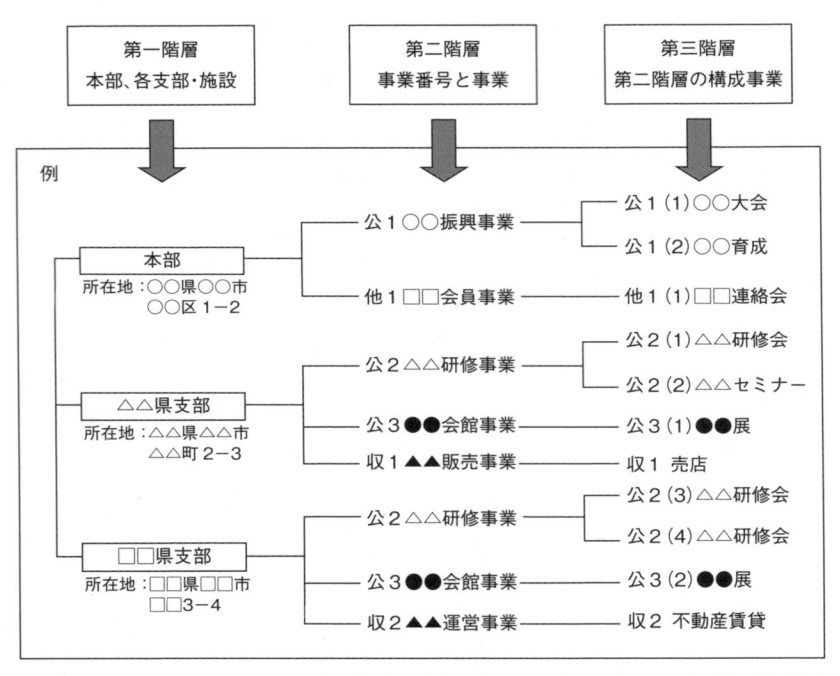

```
┌─────────────┐   ┌─────────────┐   ┌─────────────┐
│  第一階層   │   │  第二階層   │   │  第三階層   │
│本部、各支部・施設│   │事業番号と事業│   │第二階層の構成事業│
└──────┬──────┘   └──────┬──────┘   └──────┬──────┘
       ▼                 ▼                 ▼
```

例

- 本部
  所在地：○○県○○市
  ○○区1-2
  - 公1 ○○振興事業
    - 公1(1) ○○大会
    - 公1(2) ○○育成
  - 他1 □□会員事業
    - 他1(1) □□連絡会
- △△県支部
  所在地：△△県△△市
  △△町2-3
  - 公2 △△研修事業
    - 公2(1) △△研修会
    - 公2(2) △△セミナー
  - 公3 ●●会館事業
    - 公3(1) ●●展
  - 収1 ▲▲販売事業
    - 収1 売店
- □□県支部
  所在地：□□県□□市
  □□3-4
  - 公2 △△研修事業
    - 公2(3) △△研修会
    - 公2(4) △△研修会
  - 公3 ●●会館事業
    - 公3(2) ●●展
  - 収2 ▲▲運営事業
    - 収2 不動産賃貸

(出所)「申請の手引き 移行認定編」を参考に筆者作成

第2章　新たな公益法人への移行認定申請

ポイント

◆複数の事業や組織がある場合に、説明資料として作成して添付する。「事務所や事業所等法人を構成する組織が単一で、かつ、その行う事業が単一の法人」（移行認定申請の手引き 57頁）は作成不要である。

◆法人格がそれぞれ別になってる上部団体と下部団体についてのものではなく、同一法人内でどのような組織になっているか、どのような事業を行っているかを説明するために必要なものである。

◆第一階層に本部、支部、施設を、第二階層に事業番号と事業を、第三階層に第二階層を構成する事業（事業が1つなら不要）を記載する。例では第一階層を「本部」、「県支部」としたが、都道府県単位でない支部、施設のときも同様である。

26　かがみ文書の変更点

申請書（かがみ文書）

　　　　　　　　　　　　　　　　　　　　　　　年　　月　　日

　　　　殿

　　　　　　　　　　　　　　　法人の名称
　　　　　　　　　　　　　　　代表者の氏名　　　　　印

　　　　　　　　　　移行認定申請書

　一般社団法人及び一般財団法人に関する法律及び公益社団法人及び公益財団法人の認定等に関する法律の施行に伴う関係法律の整備等に関する法律第44条の規定による認定を受けたいので、同法第103条の規定に基づき、下記のとおり申請します。

　　　　　　　　　　　　記

1　主たる事務所の所在場所

2　従たる事務所の所在場所

3　公益目的事業を行う都道府県の区域

4　公益目的事業の種類及び内容

5　収益事業等の内容

6　認定を受けた後の法人の名称

7　旧主務官庁の名称

（注）　本章26から32にかけては、平成20年11月14日版の「申請の手引き　移行認定編」に基づき、平成20年7月4日以降の変更箇所のうち留意すべき点を示している。変更前のもので準備している場合には改める必要があるのはもちろんであるが、変更をした意味をとらえれば、共通の注意すべきポイントとしてみることもできる（図表右の太字が平成20年11月14日版における追加等の変更箇所）。なお、平成21年8月12日版の変更箇所で留意すべき点についてはポイントの中で触れることとした。
（出所）　移行認定書類、「申請の手引き　移行認定編」をもとに筆者作成

第 2 章　新たな公益法人への移行認定申請

ポイント
　◆登記しているが、従たる事務所で事務所としての実体がないものは、ここで従たる事務所に入らないものとして説明する。
　◆旧主務官庁をすべて記載する。財務省財務局については「金融庁支部局」とする（次頁参照）。

従たる事務所がない場合には、「なし」と記載してください。この他に海外に事務所がある場合については、その旨付記してください。
なお、登記上の従たる事務所が事業の拠点としての実質を備えておらず（例えば単なる倉庫程度）、従たる事務所を設けていないものとして申請する場合には、その旨の説明を付記してください。

旧主務官庁の名称を記載してください。また、複数の旧主務官庁が存する場合には、すべての旧主務官庁を記載してください。
なお、旧主務官庁が財務省財務局の場合は、「金融庁支部局」と記載してください。

27 別紙1の1の変更点

【別紙1:法人の基本情報及び組織について】

事業	自		年		月		日	法人コード	
年度	至		年		月		日	法人名	

1. 基本情報

フリガナ			
法人の名称			
フリガナ			
認定を受けた後の法人の名称			
現在の法人区分	□ 特例社団法人 □ 特例財団法人		
旧主務官庁の名称(注1)			
主たる事務所の住所及び連絡先			
住所	〒	都道府県	市区町村
	番地等	(建物名又は部屋番号がある場合は、記載してください。)	
代表電話番号		FAX番号	
代表電子メールアドレス		@	
ホームページアドレス		□ ホームページなし。	
代表者の氏名			
事業年度	月 日 ~ 月 日		
申請業務担当者(注2)			
氏名(又は名称)		役職(又は担当者名)	
電話番号		FAX番号	
電子メールアドレス		@	
事業の概要			

注1:旧主務官庁の名称及び担当部局を記載してください。また、複数の旧主務官庁が存する場合には、全ての旧主務官庁を記載してください。
注2:代理人による申請の場合は委任状を添付し、代理人が法人の場合は「氏名」の欄に名称を、「役職」欄に担当者名を記載してください。

(出所) 移行認定書類、「申請の手引き 移行認定編」

第2章　新たな公益法人への移行認定申請

ポイント

◆旧主務官庁が財務省財務局の場合、「金融庁支部局　財務省○○財務局□□部」というように両方記載する必要がある。これは申請の際には、まだ主務官庁制が残るので正式名称で記すことを理由としている（内閣府公益認定等委員会事務局の話として）。

◆事業の概要については、ウェブサイトの"公益法人information"の法人の「事業の概要」に反映されるので、多くの人がみることを想定して簡潔にわかりやすく書いた方がよい。

旧主務官庁の名称及び担当部局（可能であれば、担当課及び担当係まで）を記載してください。また、複数の旧主務官庁が存する場合には、全ての旧主務官庁を記載してください。
記載例：内閣府○○局△△課××係
なお、旧主務官庁が財務省財務局の場合は、「金融庁支部局」と記載してください。
記載例：金融庁支部局
財務省○○財務局
□□部△△課××係

法人全体の事業概要を100文字以内で記載してください。
なお、ここで記載された内容がポータルサイト「公益法人インフォメーション」の法人検索画面において法人名、住所などと共に法人の事業概要として表示されます。

28 別紙1の2の変更点

2. 組織 (認定を受けた後の法人の組織について記載してください。)
  (1) 社員について (公益社団法人の場合のみ)

社員の数		人
（代議員制を採用している場合） 社員（代議員）を選出する会員の数（注1）		人

社員の資格の得喪に関する定款の条項（注2）
法人の目的、事業内容に照らして当該条項が合理的な関連性及び必要性があることについて

社員の議決権に関する定款の条項
社員の議決権に関して当該条項により社員ごとに異なる取扱いをしている場合、法人の目的に照らして不当に差別的な取扱いをしないものであることについて

  (2) 評議員について (公益財団法人の場合のみ)

	常勤	非常勤	計
評議員の数	人	人	人

評議員に対する報酬等の支給の額を定める定款の条項を記載してください。

定款の条項	

  (3) 理事及び監事について

	常勤	非常勤	計
理事の数	人	人	人
監事の数	人	人	人

  (4) 会計監査人について

会計監査人設置の有無	会計監査人の氏名又は名称
□ 設置　□ 不設置	

  (5) 会員等について（注3）

会員等区分の名称	会員の数	会員等区分の名称	会員の数
	人		人
	人		人
	人		人

  (6) 職員について

職員の数	人	うち常勤	人

注1　定款において、資格を有する者（会員）の中から社員（代議員）を選出する規定を設けている法人については、当該会員の数を記載してください。
注2　定款のほかに、社員の資格の得喪に関する細則を定めている場合には、添付してください。
注3　定款において会員等を置く旨が定められている場合、定款のほかに会員等の位置づけ及び会費に関する細則を定めているときは、これらの細則を添付するとともに、本欄に会員等の区分ごとの数を記載してください。

（出所）　移行認定書類、「申請の手引き　移行認定編」を参考に筆者作成

第2章　新たな公益法人への移行認定申請

ポイント

◆使用人兼務理事は職員の数に含めず、理事側でカウントする。
◆平成21年8月12日修正版では、「社員の資格の得喪に関する定款の条項」の欄の説明を以下のとおり追加している。「社員の資格の得喪に関する定款の条項（入社、任意退社、除名、資格の取得・喪失等に関する条項）を記載してください。また、定款において理事会承認を入社の要件とした上、規程等において明文の規定がない場合は、本欄で理事会での判断基準を説明してください。」
◆同様に「会員等について」の欄での説明に「会費等の支払義務のない会員等についても記載してください。」という文言を加えている。

> 最低でも週3日以上出勤する者は「常勤」として、申請事業年度の末日時点の見込み数を記載してください。なお、常勤職員には、パート、アルバイトや派遣の形態であっても、長期的（1年以上）勤務を行う（予定も含む。）者を含みます。
> なお、**理事が職員を兼任している場合は理事として取り扱い、職員には含めません。**

29 別紙2の1の変更点

【別紙2:法人の事業について】

事業年度	自	年	月	日	法人コード	
	至	年	月	日	法人名	

1. 事業の一覧

事業の区分		事業番号	事業の内容
公益目的事業		公1	
		公2	
		公3	
		公4	
		公5	
		公6	
		公7	
		公8	
		公9	
収益事業等	収益事業	収1	
		収2	
		収3	
	その他の事業	他1	
		他2	

(出所) 移行認定申請書類、「申請の手引き 移行認定編」

第 2 章　新たな公益法人への移行認定申請

ポイント

◆事業計画初年度において実施予定がなく、特定費用準備資金又は資産取得資金のみを計上する事業について、別表C(4)、(5)だけに記入し、別紙2に記載せず、実施の際に変更認定を受ける方法もとれた（変更後と同様、申請の際に別紙2に記載する方法も可）が、平成20年11月14日以降の申請の手引きでは、申請の際に記載しなければならなくなっている。

申請書に添付した事業計画書の年度において事業の実施予定がなく、特定費用準備資金又は資産取得資金のみを計上する事業についても、**今回の申請において別紙2にその事業を記載する必要があり、別表C(4)又は別表C(5)にも記載してください。**

30 別紙2の2の変更点

2. 個別の事業の内容について

（1） 公益目的事業について　　　　　　　　　　（事業単位ごとに作成してください。）

事業番号	事業の内容	当該事業の事業比率
		％

〔1〕事業の概要について (注1)

〔2〕事業の公益性について

定款（法人の事業又は目的）上の根拠	
事業の種類 （別表の号）	（本事業が、左欄に記載した事業の種類に該当すると考える理由を記載してください。）

（本事業が不特定多数の者の利益の増進に寄与すると言える事実を記載してください (注2)。）

チェックポイント事業区分	チェックポイントに該当する旨の説明
下欄▼ボタンをクリックして、法人の事業に該当の区分を選択してください。事業区分ごとのチェックポイントがその下に表示されます。該当する事業区分がないと考える場合には、最後の「上記事業区分に該当しない場合」を選択してください。	（左欄に表示されたチェックポイントに対して、できるだけ対応するように、どのように事業を行うのかがわかるように記載してください。）
事業区分を選択してください。　▼ 区分ごとのチェックポイント ・・・・・・・・・・・・・・・・・・・	
	その他説明事項

（出所）　移行認定申請書類、「申請の手引き　移行認定編」

第 2 章　新たな公益法人への移行認定申請

ポイント

◆関連する事業は事業区分をまたいでまとめることもできる。類似する事業もまとめられるが、いずれにせよ、まとめた理由を事業の概要についての欄に記す必要がある（第 1 章 7 参照）。

◆施設の貸与は、公益認定等ガイドラインの事業区分(11)の注に「公益的な活動をしている法人に貸与する場合であっても、当該法人の収益事業、共益事業等のために貸与する場合は、公益目的での貸与とならない。」とあり、借り手が公益目的で使用することがわかるよう記載する必要がある。

◆平成21年 8 月12日修正版で「事業の概要について」を説明する注 2 に旧注 5 を加えて以下のとおり修正している。

　　（注 2 ）事業の概要の記載に際しては、以下の点を含めて、事業がどのように実施されるかが明らかになるように工夫してください。

- 助成や表彰など選考を伴う場合、選考方法（選考委員、選考基準、最終決定の方法、予備選考がある場合はその方法等）
- 知的財産権が発生する研究開発の場合、当該知的財産権の帰属先
- 施設貸与を行う場合、公益目的での貸与の内容及び日数
- 法令等に根拠がある場合、該当する条項名と当該事業との関わり（なお、該当条文を別添で添付してください。）

（注 1 ）複数の事業をまとめている場合、構成する事業の事業名を記載してください。（例えば、研修Aと研修Bをまとめて 1 つの事業として申請する場合、この欄に、研修Aと研修Bから構成される旨、記載してください。）
その際、当該複数の事業をまとめた理由（類似・関連するものと考える理由）を記載してください。

（注 5 ）施設を貸与する場合、公益目的での貸与の内容及び日数を記載してください。

31 別紙3の変更点

【別紙3　法人の財務に関する公益認定の基準に係る書類について】

記載要領：下表の水色欄（■部分）を記載してください。

事業年度	自	年	月	日	法人コード	
	至	年	月	日	法人名	

【別紙A(1)　収支相償の計算(収益事業等の利益額の50％を繰り入れる場合)】
　　　　（公益法人認定法第5条第6号に定められた収支相償について審査します。）
※法人の行う事業が一つしかない場合には、第一段階を省略し、第二段階のみ記載してください。

1. 第一段階（公益目的事業の収支相償）
　　法人が行う事業について、その経常収益、経常費用を比較します。

事業番号	経常収益計 前年度に6欄がプラスの事業がある場合には当該剰余金の額を加算してください。	経常費用計	その事業に係る 特定費用準備資金の 当期取崩額	その事業に係る 特定費用準備資金の 当期積立額	第一段階の判定 (2欄－3欄－5欄)
1	2	3	4	5	6
	円	円	認定初年度に特定費用準備資金の取崩は発生しないため、入力できません。	円	円
	円	円		円	円
	円	円		円	円
	円	円		円	円

第二段階 7欄へ →

プラスの事業がある場合、発生理由とこれを解消するための計画等を記入してください

理由：
計画：

2. 第二段階（公益目的事業会計全体の収支相償判定）
　　法人の公益目的事業会計全体に係る収入と費用等を比較します。

		収入	費用
第一段階の経常収益計と経常費用計(2欄・3欄)	7	円	円
特定の事業と関連付けられない公益目的事業に係るその他の経常収益、経常費用	8	円	円
7欄と8欄の合計(公益目的事業会計の経常収益計、経常費用計の額と一致しているか確認してください。)	9	円	円
公益目的事業に係る特定費用準備資金に関する調整(別表C(5)より) (当期の積立額を「費用」欄に記載してください。)	10		円
収益事業等から生じた利益の繰入額	収益事業から生じた利益の繰入額	11	円	
	その他事業（相互扶助等事業）から生じた利益の繰入額	12	円	
合計(9欄～12欄)	13	円	円

収入－費用

※第二段階における剰余金の扱い
　　剰余が生じる場合（収入－費用欄の数値がプラスの場合）は、その剰余相当額を公益目的保有財産に係る資産取得、改良に充てるための資金に繰り入れたり、公益目的保有財産の取得に充てたりするか、翌年度の事業拡大を行うことにより同額程度の損失となるようにしなければなりません。収入－費用欄の数値がプラスの場合、法人における剰余金の扱いの計画等を記載してください。

収支相償の額（収入－費用欄）がプラスとなる場合の今後の剰余金の扱い等

（出所）　移行認定申請書類、「申請の手引き　移行認定編」

第2章　新たな公益法人への移行認定申請

ポイント

◆「6欄が0円以下にならない事業は第二段階には進めません。この基準を満たさない事業の事業費は……収益事業等の事業費に算入されることになります。」とあったが、剰余金の扱い欄に理由、計画を記載することになっている。

◆意図せず生じた剰余金については、当初、「短期の特定準備資金」としていたものが最終的に扱いが変更され、遊休財産額に含まれることになった点は厳格化といえるが、収支相償上はここで理由と計画を示すことでクリア可能ということを明確にした点は、より柔軟に対応されることになったと理解できる。

> 6欄が0円以下にならない事業がある場合は、第一段階における剰余金の扱い欄に計画等を記載してください。

32 別表C(2)の変更点

別表C(2)　控除対象財産

記載要領：下表の水色欄（■部分）を記載してください。

事業年度	自	年	月	日	法人コード	
	至	年	月	日	法人名	

※1　法人の管理運営に用いる財産については、事業番号の欄に「管」と記載してください。
※2　期首：申請書に添付した収支予算書の期首、期末：申請書に添付した収支予算書の期末

〜〜〜〜〜〜〜〜〜〜〜〜〜〜〜〜〜〜〜〜〜〜〜〜〜〜〜〜〜

3. 資産取得資金（別表C(4)より）

番号	資金の名称	事業番号※1	資金の目的	帳簿価額		公益目的保有財産	共用財産共用割合
				期首※2	期末※2		
1					円	円	
2					円	円	
計(C)					円	円	

別表C(4)に基づき、下段に共用割合を％で記載してください。この場合、公益資産の取得に充てる資金については、当該資産全体に占める公益資産への配賦割合を記載し、公益資産以外の取得に充てる資金については、当該資産全体に占める公益資産以外への配賦割合を記載してください。
なお、物理的な特定が困難で一の資産とした場合には公益資産の取得に充てる資金については、当該資産全体に占める公益資産に使用する割合を記載し、公益資産以外の取得に充てる資金については、当該資産全体に占める公益目的事業以外に使用する割合を記載してください。

（出所）　移行認定申請書類、「申請の手引き　移行認定編」

第2章 新たな公益法人への移行認定申請

ポイント

◆本章17で示した控除対象財産のうち、「3．資産取得資金」が「1．公益目的保有財産」と「2．公益目的事業に必要な収益事業等その他の業務又は活動の用に供する財産（収益事業・管理活動財産）」の共用財産の取得目的で、かつ、当該資金の区分が可能である場合は、区分した上で、「共用割合」の欄に割合を記載する。公益資産取得の資金は公益目的事業の割合を記載し、それ以外を取得するための資金は、共用割合の欄に残りの割合を記載する。

◆同様に共用財産で、時間で分ける場合など物理的に特定が困難で分けられない場合は1つの資産としたまま、公益資産と公益資産以外の取得に充てるものとして、目的たる資金の割合をそれぞれ記載する。処理方法が複雑でわかりにくいが、各資産取得資金の詳細は関連する別表でわかるのでさほど神経をつかう必要もなかろう。

第3章

一般法人への移行認可申請

1 移行認可を受けるには

> **整備法**
> **(通常の一般社団法人又は一般財団法人への移行)**
> **第四十五条** 特例社団法人又は特例財団法人は、移行期間内に、第五款の定めるところにより、行政庁の認可を受け、それぞれ通常の一般社団法人又は一般財団法人となることができる。

> **第五款 通常の一般社団法人又は一般財団法人への移行**
> **(認可の基準)**
> **第百十七条** 行政庁は、第四十五条の認可の申請をした特例民法法人(以下この款において「認可申請法人」という。)が次に掲げる基準に適合すると認めるときは、当該認可申請法人について同条の認可をするものとする。
> 一 第百二十条第二項第二号の定款の変更の案の内容が一般社団・財団法人法及びこれに基づく命令の規定に適合するものであること。
> 二 第百十九条第一項に規定する公益目的財産額が内閣府令で定める額を超える認可申請法人にあっては、同項に規定する公益目的支出計画が適正であり、かつ、当該認可申請法人が当該公益目的支出計画を確実に実施すると見込まれるものであること。

> **(公益目的支出計画の作成)**
> **第百十九条** 第四十五条の認可を受けようとする特例民法法人は、当該認可を受けたときに解散するものとした場合において旧民法第七十二条の規定によれば当該特例民法法人の目的に類似する目的のために処分し、又は国庫に帰属すべきものとされる残余財産の額に相当するものとして当該特例民法法人の貸借対照表上の純資産額を基礎として内閣府令で定めるところにより算定した額が内閣府令で定める額を超える場合には、内閣府令で定めるところにより、当該算定した額(以下この款において「公益目的財産額」という。)に相当する金額を公益の目的のために支出することにより零とするための計画(以下この款において「公益目的支出計画」という。)を作成しなければならない。(第2項各号省略)

第3章　一般法人への移行認可申請

ポイント

◆認可には、①申請の際に提出する「定款の変更の案」の内容が法人法とこれらに基づく命令の規定、②公益目的支出計画が適正、かつ、確実に実施すると見込まれる必要がある。

◆認可を受ける特例民法法人は、純資産額を基礎として算定した額が「内閣府令で定める額」を超える額に相当する額（＝公益目的財産額）を支出することになっているが、施行規則で「内閣府令で定める額」はゼロ（施行規則24条）となったので、残余財産相当額がプラスであれば計画の作成が必要ということになった。逆に、残余財産相当額がゼロならば計画の作成は不要となる。

◆公益目的支出計画は、公益目的財産額に相当する額がゼロになるまで公益の目的のための支出を行う計画であり、公益目的財産額そのものを取り崩してゼロにすることを意味するものではない。ただし、収入が全く見込めない場合は、取り崩さざるを得ないことになる。

◆公益の目的のための支出は、(イ)公益目的事業、(ロ)特定寄附、(ハ)継続事業のいずれかで支出する。なお、(イ)と(ハ)は事業で支出し、(ロ)は法人への寄附による（本章4参照）。

◆その他、公益認定と同様、「実施事業等を行うに当たり、特別の利益を与えない」、「実施事業を行うのに必要な技術的能力を有している」（GLⅡ1(2)及び(3)）ことも求められている。

2 認可にあたっての確認事項

第百十七条
二 第百十九条第一項に規定する公益目的財産額が内閣府令で定める額を超える認可申請法人にあっては、同項に規定する公益目的支出計画が適正であり、かつ、当該認可申請法人が当該公益目的支出計画を確実に実施すると見込まれるものであること。

⬇

1 公益目的支出計画が「適正」である
 (1) (イ)公益目的事業、(ロ)特定寄附、(ハ)継続事業のどれかを行う ⎫
 (2) 実施事業、特定寄附で特別の利益を与えない ⎬ 適合しているかを確認
 (3) 実施事業、特定寄附を行うのに必要な技術的能力を有する ⎪
 (4) 公益目的財産額の算定などの計算が整備法、整備法施行規則に則っている ⎭

2 公益目的支出計画を確実に実施すると見込まれる
 ◇直近1年の事業計画書 ⎫
 ◇公益目的支出計画実施期間における収支の見込みを記載した書類（多額の借入れ、施設の更新、高額財産の取得・処分など） ⎬ 見通しから、財務的な影響で実施が妨げられないことを確認
 ◇公益目的支出計画に記載する事業以外の主な事業 ⎭

（出所）「公益認定等ガイドライン」を参考に筆者作成

第3章　一般法人への移行認可申請

ポイント

◆「公益目的支出計画が適正である」ためには、(イ)公益目的事業、(ロ)特定寄附、(ハ)継続事業のいずれか（実施事業等）を行うことで公益目的財産額相当額をゼロにするものでなければならず、また公益認定と同様、「実施事業等を行うに当たり、特別の利益を与えない」、「実施事業を行うのに必要な技術的能力を有している」（GLⅡ1(2)及び(3)）こと、算定等の計算が法律や規則を遵守したものであることが必要である。

◆「確実に実施すると見込まれる」ためには、通常の事業計画に照らして、計画実施期間の収支見込みに無理がなく、また他の事業が実施事業等を行う際の足かせとならないことが確認できる内容であることが必要である。

3 公益目的財産額の評価

公益目的財産額を適正に見積もる必要がある

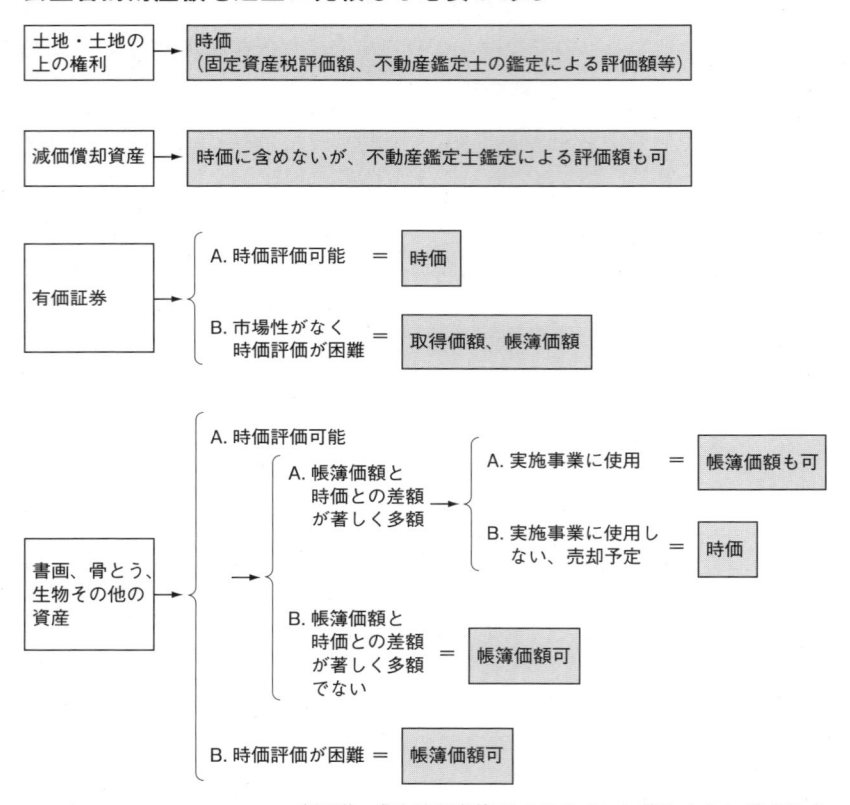

| 土地・土地の上の権利 | 時価（固定資産税評価額、不動産鑑定士の鑑定による評価額等） |

| 減価償却資産 | 時価に含めないが、不動産鑑定士鑑定による評価額も可 |

有価証券
- A. 時価評価可能 ＝ 時価
- B. 市場性がなく時価評価が困難 ＝ 取得価額、帳簿価額

書画、骨とう、生物その他の資産
- A. 時価評価可能
  - A. 帳簿価額と時価との差額が著しく多額
    - A. 実施事業に使用 ＝ 帳簿価額も可
    - B. 実施事業に使用しない、売却予定 ＝ 時価
  - B. 帳簿価額と時価との差額が著しく多額でない ＝ 帳簿価額可
- B. 時価評価が困難 ＝ 帳簿価額可

（出所）「公益認定等ガイドライン」等をもとに筆者作成

ポイント

◆公益目的財産額は非収益事業の財産だけでなく、総額で捉える点に注意する。原則として、時価で見積もった純資産額から、基金と支出・保全が義務づけられているものを控除して求める（整備法規則14条参照）。

◆不動産鑑定士による一般法人の継続事業として使用するゴルフ場・病院等

の土地評価については、(社) 日本不動産鑑定協会から、「現状の事業が継続されるものとして当該事業の拘束下にあることを前提とする価格であり、必ずしも最有効使用を前提とするものではないこと」(注1) (「公益目的財産 (不動産) の時価評価に係る当面の対応について」) など、対応が示されている。

◆時価評価不可能な有価証券や移行後に実施事業で使用する美術品等は、帳簿価額で計算できる。

◆美術品等で「帳簿価額と時価との差が著しく多額」(GL Ⅱ1(4)ⅳ) であるかどうかは、法人自身の判断による。

◆基金は控除するが、対象となる基金は法人法による基金であり、従来の移行前の法人法によらない基金は含まない。

◆支出・保全が義務づけられている資産は控除 (注2) するが、ガイドラインでは、(1)負債計上の引当金 (引当金に準ずるものを含む)、(2)会費等積み立てによる準備金等 (法令等により将来の支出又は不慮の支出に備えて設定することが要請されているもの) としている。「「法令等」の「等」については、通達又は通知を意味」(FAQ問X-3-①) するので、現在のところ法人自身が自ら保全義務を定めている準備金は含まれないとの見方がなされている。

◆なお、この時価評価は公益目的財産額の評価のためであって、法人として通常、作成する貸借対照表上の資産を時価評価して作り直す必要はない (FAQ問X-4-①参照)。

  (注1) 平成20年3月3日、内閣府が (社) 日本不動産鑑定協会へ継続事業の資産評価のあり方の検討を依頼、同年5月8日には同協会より「公益目的財産 (不動産) の時価評価に係る当面の対応について」が出されている。

  (注2) 「賞与引当金」と「退職給付引当金」を加算するとした整備法施行規則14条2号は、平成20年4月25日の整備法施行規則改正で外れ、新たに4号で支出・保全が義務づけられていると認められるものを減算対象に入れた。

4　公益目的支出の方法

整備法119条でいう公益目的支出計画では、以下のいずれかで公益目的の支出をする計画が必要

イ	認定法の公益目的事業	：事業が認定法2条4号の「公益目的事業」の要件を満たすもの

ロ	認定法の特定寄附	：支出先が認定法5条17号イ～トのいずれかに該当するもの

ハ	継続事業	：旧主務官庁から継続事業との意見を得たもの（ただし、認められない場合もある）

・認められないと考えられる法人

（参考）
「公益法人の設立許可及び指導監督基準」（平成8年9月20日閣議決定）

> 1　目的
> 　公益法人は、積極的に不特定多数の者の利益の実現を目的とするものでなければならず、次のようなものは、公益法人として適当でない。
> （1）同窓会、同好会等構成員相互の親睦、連絡、意見交換等を主たる目的とするもの
> （2）特定団体の構成員又は特定職域の者のみを対象とする福利厚生、相互救済等を主たる目的とするもの
> （3）後援会等特定個人の精神的、経済的支援を目的とするもの

（出所）「公益法人の設立許可及び指導監督基準」より筆者作成

第3章　一般法人への移行認可申請

ポイント

◆認定法の公益目的事業か特定寄附、又は従来から行ってきた事業を継続することで支出し、計画上の公益目的支出とする。

◆公益目的事業であれば、事業そのものが公益目的であるかどうかが問われるが、特定寄附は、寄附相手が公益目的で使用するかどうかまでは問われない。

◆特定寄附の相手先は、「類似の事業」を目的としている必要がある。類似の事業の「事業」は、認定法2条別表の事業であり、必ずしも別表のくくりで一致する必要はないが、ある程度類似性が認められる事業である必要がある。類似性の確認のため、申請時には、寄附相手の定款、登記事項証明書の提出が必要となる場合もある（FAQ問Ⅹ-2-⑥）。なお、単年度だけでなく複数年度にわたって繰り返し行うことも可能である。

◆継続事業が認定法上の公益目的事業に該当する場合は、イの公益目的事業にすることもできる。

◆継続事業は旧主務官庁の意見を尊重するが、認められない場合もある。この認められない場合については、「指導監督基準」の目的(1)～(3)を挙げて、「上記に該当する場合には、旧主務官庁の意見にかかわらず、実施事業として認められないこともあり得ます」（GL案パブコメ結果別添2-6）としている（指導監督基準の目的部分は、継続事業を扱ったFAQ問Ⅹ-2-③でも掲載）。

◆継続事業を移行後に実施事業として「追加することはできない」（GLⅡ1(1)ⅲ）ので、範囲を事前に確定しておくことが認可取得後の運営を円滑に行う上で重要となる。

5　公益目的支出の額

実施事業収入の額を控除した額が公益目的支出額となる

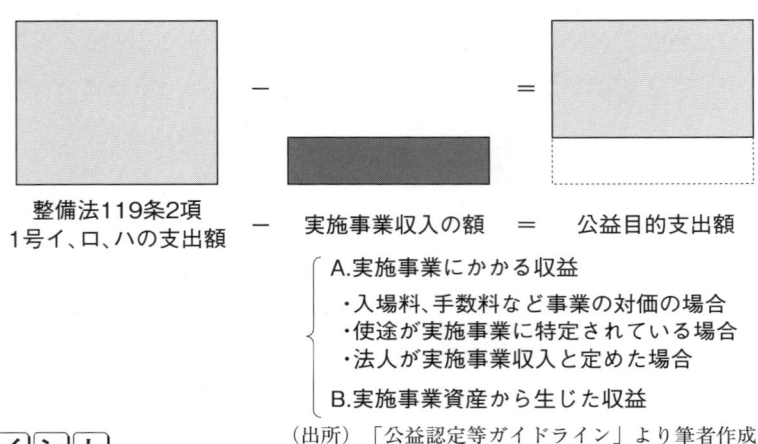

整備法119条2項1号イ、ロ、ハの支出額 － 実施事業収入の額 ＝ 公益目的支出額

- A.実施事業にかかる収益
  - ・入場料、手数料など事業の対価の場合
  - ・使途が実施事業に特定されている場合
  - ・法人が実施事業収入と定めた場合
- B.実施事業資産から生じた収益

（出所）「公益認定等ガイドライン」より筆者作成

ポイント

- ◆公益目的支出計画によって公益目的財産額相当額をゼロにすることの意味は、特例民法法人（旧民法法人）が解散する場合、残余財産は類似の団体か国庫等に帰属することで公益に使われることを前提としているので、同様に、一般法人に移行する場合でも残余財産相当額分を公益のために支出するよう要請したものである。
- ◆したがって、実施事業及び実施事業資産からの収益は、公益で使うべき残余財産の増加を意味するので、その分、公益目的支出額としてカウントしないことで調整がなされている。
- ◆実施事業の支出から控除する収益の例としては、美術館の運営を実施事業とした場合の入館料が挙げられる。
- ◆資産運用の果実（運用益）については、それを実施事業に充てることを寄附金等の交付者から指定されていない限り、収益として実施事業等の支出から控除する必要はないとの見方ができる。
- ◆また、実施事業の財源を使途が実施事業に特定されている場合の運用益とした場合でも、収入が多く公益目的支出計画が終了しないと予想される場合には実施事業にかかる収入にしないことができる（GL Ⅱ1(4)②ⅱ）。
- ◆委託費による事業は一般的に実施事業にかかる収益となるので、一致していると支出にならない（FAQ問Ⅹ-2-⑤）ので注意を要する。

6 公益目的支出の計画

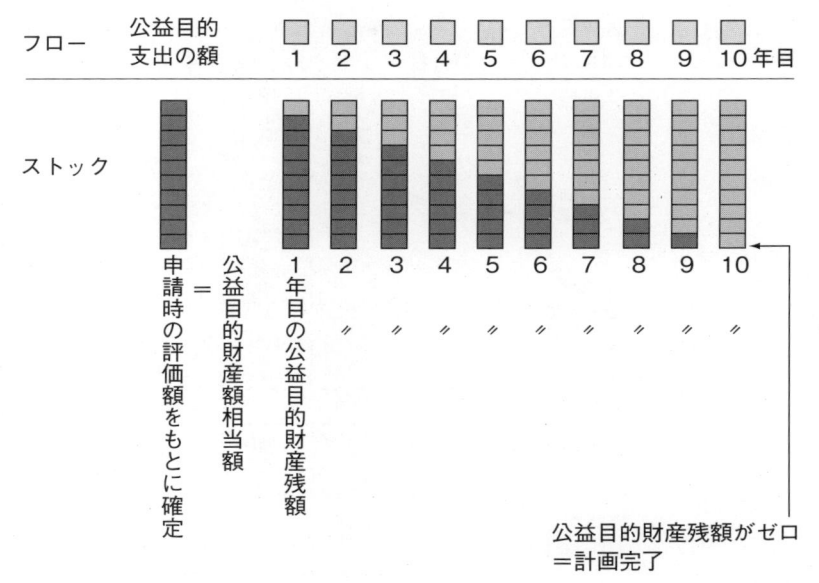

```
フロー   公益目的   □ □ □ □ □ □ □ □ □ □
         支出の額    1  2  3  4  5  6  7  8  9  10年目

ストック
         申請時の評価額をもとに確定 = 公益目的財産額相当額
         1年目の公益目的財産残額
         2  3  4  5  6  7  8  9  10
                                    公益目的財産残額がゼロ
                                    ＝計画完了
```

(出所) 筆者作成

ポイント

◆公益目的財産額に相当する額から公益目的支出の額を引いた残りが公益目的財産残額であり、この額がゼロになるまでの計画を公益目的支出計画として立てる必要がある。

◆期間については、「社員等を含む法人の関係者の意思を尊重することが適切であると考えられるため、法人において定めた期間で認める」(GLⅡ1) が、「現在実施している公益に関する事業規模（額）と比較して、公益目的支出計画における実施事業の規模（額）が極めて低い」(FAQ問Ⅹ-1-①) 場合には、特段の事由がなければ期間の変更を求められることもある。したがって、合理的であれば100年でも認められるが、計画である以上、社会通念上は10年を超えない計画の方が実施の確実性は高いとみることはできよう。

7　公益目的財産額の確定

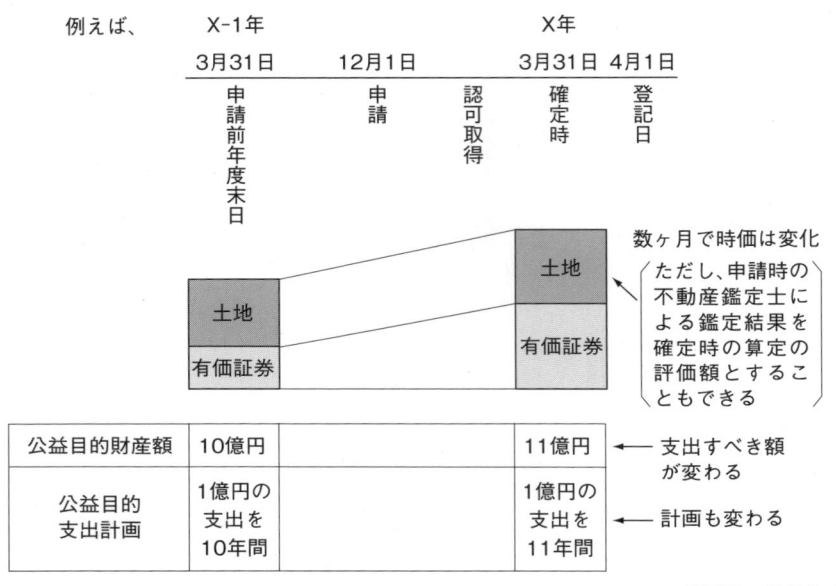

例えば、

	X-1年		X年	
	3月31日	12月1日	3月31日	4月1日
	申請前年度末日	申請	認可取得	確定時	登記日

（図：X-1年3月31日時点では「土地」「有価証券」の評価額合計が小さく、X年3月31日時点では「土地」「有価証券」の評価額合計が大きくなっている）

数ヶ月で時価は変化
ただし、申請時の不動産鑑定士による鑑定結果を確定時の算定の評価額とすることもできる

公益目的財産額	10億円		11億円	← 支出すべき額が変わる
公益目的支出計画	1億円の支出を10年間		1億円の支出を11年間	← 計画も変わる

（出所）　筆者作成

ポイント

◆公益目的財産額は申請時点で確定するのではなく、登記日前日で確定する。

◆評価額の変化に応じて、公益目的財産額を確定する。その額によって、公益目的支出計画の実施期間を確定する。

◆「各事業年度の公益目的支出の額や実施事業収入の額が変更になることにより、公益目的支出計画が完了年月日に完了しなくなることが明らかであるもの」（FAQ問XI-1-②）は変更の認可が必要であるが、公益目的支出計画を確定するための完了年月日の修正は、「整備法第125条第1項の公益目的支出計画の変更には該当しない」（GL Ⅱ3）ので、改めて行政庁の認可をとる必要はない。

8 申請書類の構成

申請書：	→	事務所の場所と認可後の名称、旧主務官庁名
別紙1：	→	申請書の詳細
別紙2：	→	公益目的財産額の算定を確認
別表A：	→	各公益目的財産額の算定を確認
別表B：	→	時価評価資産等の時価の算定根拠を確認
別紙3：	→	公益目的支出計画等を確認
別表C：	→	事業等別の公益目的支出計画と実施の見込みを確認
別表D：	→	実施期間中の収支の見込みを他の会計を含めて確認
別表E：	→	その他の主要な事業、配賦計算表、誓約書、定款の変更の案が「留意事項Ⅱ」の事項と違う場合の説明
別紙4：	→	添付書類一覧

(出所) 移行認可申請書類をもとに筆者作成

ポイント

◆認可を受けるには、整備法117条の認可の基準に適合することが必要である。基準の適合の判定は、基本的には提出書類による審査で行われるので、整備法で定める公益目的支出計画の要件を満たしていることを明確に把握できる内容となっていることが肝要である。

◆申請書の別表A、別表Bでは公益目的財産の各評価額とその算定根拠、別表Cから別表Eでは実施事業等の内容と公益目的支出計画の実施見込み、その他の主な事業等について確認する。

◆このほか添付書類では、例えば、「2．定款の変更の案」では法人法に適合するか（定款審査）を確認する。なお、特別の利益を与えないことなどの「誓約書」は添付書類ではなく、別表E(3)での扱いとなっている。

9　別表A：公益目的財産額の算定

【時価評価資産の明細】

番号	時価評価資産の名称	帳簿価額	時価	時価の算定方法
（土地又は土地の上に存する権利・・・規則第14条第1項第1号イ）				
イ1	土地（○○市××1-1-1ほか○筆）	×× 円	×× 円	固定資産税評価額を使用
イ2	○○権（○○市××1-2-3）	×× 円	×× 円	不動産鑑定士評価額を使用
（有価証券・・・規則第14条第1項第1号ロ）				
ロ1	△△会社（20,000株）	×× 円	×× 円	その他有価証券のうち市場価額のあるもの（時価法）
ロ2	□□会社（10,000株）	×× 円	×× 円	その他有価証券のうち市場価額のないもの（売買実例がないため、帳簿価額を時価とする。）
ロ3	第○○回　利付国債	×× 円	×× 円	満期保有目的の債券（償却原価法）
（その他時価と帳簿価額との差額が著しく多額な資産・・・規則第14条第1項第1号ハ）				
ハ1	絵画（日本画○○作）	×× 円	×× 円	美術年鑑を使用
ハ2	古美術品（陶器○○作）	×× 円	×× 円	販売業者が所有する商品カタログを使用

【時価評価資産以外の資産の明細】

a. 減価償却資産

番号	資産の名称	帳簿価額	取得価額	償却方法
a1	建物（○○会館）	×× 円	×× 円	定額法（残存価額○○円、耐用年数○○年）
a2	建物（○○設備）	×× 円	×× 円	定額法（残存価額○○円、耐用年数○○年）
a3	車両運搬具（○○自動車）	×× 円	×× 円	定率法（残存価額○○円、耐用年数○○年、年償却率○○％）
a4	什器備品（パソコン、○○機器）	×× 円	×× 円	定率法（残存価額○○円、耐用年数○○年、年償却率○○％）

b. その他、許可申請法人において時価と帳簿価額との差額が著しく多額でないと判断した資産

番号	資産の名称	帳簿価額	時価	時価の算定方法
b1	古美術品（陶器・磁器計○○点）	×× 円	×× 円	継続して実施事業（○○事業）に使用するため、帳簿価額を時価とする。（別紙「古美術品（陶器・磁器）一覧」のとおり）

時価と帳簿価額との差額が著しく多額であるか否かについての判断基準を記載してください。

（注）　注の表記は省略
（出所）　内閣府公益認定等委員会事務局「申請の手引き　移行認可編」より筆者作成。例は「申請の手引き　移行認可編」の記載例

第3章　一般法人への移行認可申請

ポイント

◆公益目的財産額の評価の考え方としては、本章「3　公益目的財産額の評価」のとおり、土地、減価償却資産、有価証券というように分けた上で時価にすべきかどうかを判断していくことになるが、別表Aへの記載の際には、時価評価資産か時価評価資産以外であるかで分けて記入する。

◆別表Aは【時価評価資産の明細】として、①土地又は土地の上に存する権利、②有価証券、③その他時価と帳簿価額との差額が著しく多額な資産、【時価評価資産以外の資産の明細】として、ａ．減価償却資産、ｂ．その他、許可申請法人において時価と帳簿価額との差額が著しく多額でないと判断した資産、の２つの欄に分かれていることから、分類どおりに当てはめる。

◆悩ましいのは時価と帳簿価額との差額が著しく多額かどうかの判断である。時価評価しない資産というのは、本来、時価で評価が困難あるいは時価評価が適当でない資産であろうが、法人が簿価と時価の乖離が小さい場合、その判断した基準を記載しなければならず、"時価"の算定根拠を示す書類の添付も求められている。したがって、継続使用および時価評価が困難な場合以外で「その他、許可申請法人において時価と帳簿価額との差額が著しく多額でないと判断した資産」の欄に記入するには、十分な理由づけが必要であろう。

10 別表Ｂ：時価評価資産等の時価の算定根拠

【時価評価資産の時価の算定根拠】

番号	時価評価資産の名称	帳簿価額	時価	時価の算定方法
イ1	土地（○○市××1-1-1ほか○筆）	×× 円	×× 円	固定資産税評価額を使用
時価の算定根拠	公益認定等ガイドラインに例として記載があり、土地の時価評価の方法として、固定資産税評価額を用いることは妥当であると考えるため。			

【時価評価資産以外の資産の時価の算定根拠等】

番号	時価評価資産の名称	帳簿価額	時価	時価の算定方法
ロ2	□□会社（10,000株）	×× 円	×× 円	その他有価証券のうち市場価額のないもの（売買実例がないため、帳簿価額を時価とする）
時価の算定根拠等	売買実例がなく、かつ時価を合理的に算定できないため、帳簿価額を時価とする。			

（注） 固定資産税評価額とする場合、証明書があれば記載不要
（出所） 「申請の手引き 移行認可編」より筆者作成。例は「時価評価資産の時価の算定根拠」は筆者、その他は「申請の手引き 移行認可編」の記載例を掲載

第3章　一般法人への移行認可申請

ポイント

◆別表Bでは、別表Aに記入した時価の算定根拠等の詳細な記載が求められている（ただし、固定資産税評価証明書などの客観的資料を添付する場合は、別表Bは不要）。時価評価資産の「名称」、「帳簿価額」、「時価」、「時価の算定方法」、「時価の算定根拠」を記載することになっており、時価の合理的な算出方法についていかに説得力をもたすことができるかがカギとなる。

◆時価評価資産は、土地であれば固定資産税評価額や不動産鑑定士による評価など、通常とり得る方法があるので算定根拠の記載はさほど難しいものではない。

◆問題は本章9で述べたとおり、時価評価資産以外の資産の時価の算定根拠である。図表の時価の算定根拠等では、移行認可申請の手引きの有価証券の例を載せておいたが、通常、有価証券であれば時価を割り出すことは可能なので、稀な例であると考えた方がよい。移行認可申請の手引きではもうひとつ、時価評価を行うことが困難な場合の記載例として、美術品等について、「代替性のないものであり、かつ売買実例がないため帳簿価額を時価とする。」という例も挙げており、こちらの方が一般的な使われ方であろう。

11 別表C-1:事業の概要等

事業番号	事業の内容
継1	☆☆振興事業

〔1〕事業の概要について

(事業実施のための財源、財産も含めて記載。重要な部分を委託している場合は委託部分がわかるように記載)

〔2〕事業の公益性について

定款上の根拠	第○条第○項第○号
別表の号	該当理由
1	本事業は、○○の向上を図るために△△を実施するものであって、□□を通じて☆☆に寄与する点において、「☆☆の振興を目的とする事業」であると考えます。
不特定多数の者の利益の増進に寄与する事実	
事業区分	該当理由
8 ① ・・・ ② ・・・ ③ ・・・	その他説明事項 営利企業によっては、過疎地等において供給されなくなる事業を、日本全国あまねくかつ広く、ユニバーサルサービスとして提供している。

〔3〕本事業を反復継続して行うのに最低限必要となる許認可等について

許認可等の名称	
根拠法令	
許認可等行政機関	○省○局○課

(出所)「申請の手引き 移行認可編」より筆者作成。〔2〕事業の公益性についての「別表の号」の「該当理由」、「事業区分」の「その他説明事項」の例は「申請の手引き 移行認可編」の記載例を掲載

ポイント

◆移行認定申請の際の別紙2の2「(1) 公益目的事業について」(第2章9参照)とほぼ同様のフォームであり、事業番号と事業の内容、概要及び、認定法別表の号と該当理由、事業区分とチェックポイントに沿った該当理由を記入させる形式となっている。

◆当該実施事業を行うにあたって許認可等が必要であれば、名称、根拠法令とともに許認可等行政機関の○省○局○課まで記入する。

◆事業番号は、(イ)公益目的事業であれば公1、公2というように記載し、(ロ)特定寄附なら寄1、寄2、(ハ)継続事業なら継1、継2という表記を用いる(移行認可申請の手引き 22頁参照)。

12 別表C-2、3：見込額の算定

C-2

①	公益目的支出の見込額	円
②	実施事業収入の見込額	円
③	(①-②)の見込額	円
④	損益計算書の費用の見込額	円
⑤	損益計算書の収益の見込額	円

C-3

【実施事業収入の見込額の算定について】

損益計算書の科目	①損益計算書の収益の見込額	②実施事業収入の見込額	②の額の算定に当たっての考え方
○○事業収入	○○○ 円	○○○ 円	○○事業の入場料収入であり、実施事業の収入とする。
受取会費	●● 円	●● 円	当該法人の会費規定において、会費の1/4相当の使途を本事業に限定しているため、会費収入総額の1/4相当分である●●円についても実施事業収入とする。(会費規定を添付)
・・・・	円	円	
計	●●●● 円	●●●● 円	

【公益目的支出の見込額の算定について】

損益計算書の科目	①損益計算書の費用の見込額	②公益目的支出の見込額	②の額の算定に当たっての考え方
その他	○○○○ 円	○○○○ 円	異なる費用科目はないため、①と②は同額である。
	円	円	
	円	円	
計	○○○○ 円	○○○○ 円	

(出所)「申請の手引き 移行認可編」より筆者作成。各項目の例は「申請の手引き 移行認可編」の記載例を掲載

ポイント

- ◆まず、言葉の定義であるが、
  - ・実施事業収入の額＝実施事業にかかる収益の額＋実施事業資産から生じた収益の額（整備法規則17条）
  - ・公益目的支出の額＝実施事業にかかる事業費の額＋特定寄附の額＋実施事業にかかる経常外費用の額（整備法規則16条）

  となっており、この見込みの額を示すことになる。
- ◆公益目的支出の見込額から実施事業収入の見込額を控除した差額分が公益目的支出計画における各年度の公益目的財産残額を減らす額となるため、実施事業収入の額が多いと減らせる額が小さくなる。この結果、計画期間が長くなることが懸念されるが、実際に実施事業収入に入れなければならないものは限られている。
- ◆美術館の運営を実施事業とした場合の入館料のような対価としての収入や、実施事業に使途が定められた補助金、法人自らが実施事業収入にすると決めたものが該当し、会費規定で実施事業に充てる旨規定していない一般的な会費は該当しない。
- ◆使途が特定されている場合であっても、「会費を払っている会員の意向を確認しつつ、会費規定を修正するなど、会費の使途を特定させない」（GL案パブコメ結果別添2-25）ことで、実施事業収入から除くことができる。
- ◆資産の運用益については不透明な部分があるが、寄附者が実施事業に充てるよう指定している場合を除いて、実施事業収入には該当しないと理解してよい。また、実施事業資産を売却した場合の売却益は、実施事業資産から生じた収益の額となる。
- ◆損益計算書（収支予算書）の費用の見込額と公益目的支出の見込額とは、退職給付会計の会計基準変更時差異を控除しなければならないような場合を除いて通常は等しいと考えられるため、この場合、左表の例のように「異なる費用科目はないため、①と②とは同額である」との考え方を記して、科目を「その他」としてまとめて表示できる。

13　別表Ｄ：公益目的支出計画実施期間中の収支の見込み

	初年度	翌年度 (☑:不要)	翌々年度 (☑:不要)	以降
法人全体の経常収益の見込み	円	円	円	
実施事業等会計の収益	円	円	円	
その他会計の収益	円	円	円	
他1	○○円	円	円	①計画が完了するまで同 　様の見込み・・・□
他2	△△円	円	円	
法人会計の収益	円	円	円	
法人全体の経常費用の見込み	円	円	円	②一部の事業について、 　変更が生じることが予 　定されている・・・☑
実施事業等会計の費用	円	円	円	
その他会計の費用	円	円	円	
他1	□□円	円	円	
他2	××円	円	円	
法人会計の費用	円	円	円	
法人全体の経常増減の見込み	円	円	円	
備考	当法人の所有する建物（平成○○年度取得、取得価額○円）は○年度に建替え を予定しており、次回は平成○○年度の予定である。			

（出所）「申請の手引き　移行認可編」より筆者作成。備考の例は「申請の手段　移行認可編」
　　　の記載例を掲載

ポイント

◆実施事業等だけでなく、公益目的支出計画実施期間中の全体の収支の見込みを記載する。

◆初年度と翌年度、翌々年度までを記載し、以後同様ならば①をチェック、変更を予定している場合は②をチェックする。初年度以降、一定の計画である場合は、初年度と翌年度、翌々年度が同じとなるので、各不要欄をチェックする。

◆「その他会計の収益」、「その他会計の費用」については、別表Ｅ(1)で記載する財務に影響を与えるような主要なものについて記載し、備考欄でも①多額の借入れ、②施設の更新、③高額財産の取得・処分などについて、あれば予定時期と内容を記載する。

◆実施事業等は問題なくとも、他会計の事情によって計画の事業の実施ができなくなることもあるので、事前にそれが予想されるとみなされれば整備法117条に適合することにはならないので、費用に充てる収入の見通しが立つのかなど、別表Ｄを通じて全体を確認しておくことが重要である。

14　別表E(2)-1、2：配賦計算表

別表E(2)-1 役員等の報酬

番号	役職	役員等の氏名	報酬の額	配賦基準	実施事業会計				その他会計				法人会計
					公1	継1	共通	小計	他1	その他	共通	小計	
1	理事長	○○○○	5,000,000	従事割合			4,500,000						500,000
							90.0%						10.0%
							4,500,000						500,000

別表E(2)-2 役員等の報酬・給与手当以外の経費

番号	科目名	各事業に関連する費用		配賦基準	実施事業会計				その他会計				法人会計
		費用の名称	費用の額		公1	継1	共通	小計	他1	その他	共通	小計	
1	減価償却費	○ビル減価償却費	15,000,000	建物面積比			10,000,000						5,000,000
							66.7%						33.3%
							10,000,000						5,000,000

(出所)「申請の手引き　移行認可編」より筆者作成

ポイント

◆移行認定申請の別表F(1)、F(2)の公益目的事業会計と収益事業等会計（第2章21参照）に代えて、実施事業等会計、その他会計にしたものと考えることができ、同様の観点で配賦基準、配賦割合を記載する。

◆公益目的事業かどうかではなく、実施事業等かどうかという観点で配賦するので、他に公益に関する事業がある場合でも実施事業にしていない場合は、その他会計として配賦することになる。

◆配賦基準については第2章20、21を参照。

15　別表E(3)：誓約書

誓約書

年　月　日

　　　　殿

　　　　　　　　　　　　　　法人の名称
　　　　　　　　　　　　　　代表者の氏名　　　　印

　一般社団法人及び一般財団法人に関する法律及び公益社団法人及び公益財団法人の認定等に関する法律の施行に伴う関係法律の整備等に関する法律（平成18年法律第50号。以下「整備法」という。）第45条の認可（以下「移行認可」という。）の申請をするに際し、以下の事項について誓約します。

1　実施事業等を行うに当たり特別の利益の供与を行わないことについて
　移行認可を受けてから、整備法第124条の確認を受けるまでの間、整備法第119条第2項第1号イ又はハに規定する事業（以下「実施事業」という。）及び同号ロに規定する寄附を行うに当たり、公益社団法人及び公益財団法人の認定等に関する法律（平成18年法律第49号）第5条第3号及び第4号に相当する行為を行いません。

2　実施事業を行うに当たり必要な許認可等について
　実施事業を行うに当たり必要な許認可等について、整備法第124条の確認を受けるまでの間に変更が生じた場合は、遅滞なく、その旨を届け出るとともに、必要な事務手続きを行います。

3　事業の継続について
　移行認可の申請において、継続して実施事業に使用するため一般社団法人及び一般財団法人に関する法律及び公益社団法人及び公益財団法人の認定等に関する法律の施行に伴う関係法律の整備等に関する法律施行規則（平成19年内閣府令第69号）第14条第1項第1号に規定する時価評価資産でないとした資産に係る事業については、整備法第124条の確認を受けるまで継続して実施します。

4　資産運用方針等の変更の届出について
　移行認可を受けてから、整備法第124条の確認を受けるまでの間に、多額の借入れや債務の保証、高額な財産の取得等を行うことにより、公益目的支出計画の実施期間中の収支の見込みが変更される場合には、予め届け出るとともに、必要な事務手続きを行います。

（出所）　移行認可申請書類

> 第3章　一般法人への移行認可申請

ポイント

◆誓約書は、計画終了までの間に、①実施事業と特定寄附を行うに際して特別の利益の供与を行わない、②許認可等に変更が生じた場合は届出と事務手続をする、③時価評価しないとした資産の事業は計画終了まで継続する、④借入れや保証、高額財産の取得等により収支見込みが変更される場合は事前の届出と事務手続をする、ことについて誓約を行う内容である。ただし、該当するもののみ記載が必要なため、上記のフォームを必ず使用するというものではない。

◆誓約書に記載した以上、違反の事実がわかった場合には認可取消しもあり得るため、申請時だけでなく、認可後も公益目的支出計画終了までの間は誓約内容を忘れることのないよう注意して法人運営を行っていく必要がある。

16　別紙4：その他の添付書類

①	定款（特例民法法人としての定款）
②	定款の変更の案（認可を受けた後の法人としての定款）
③	定款の変更に関し必要な手続を経ていることを証する書類（社員総会・評議員会等の議事録の写し）
④	登記事項証明書
⑤	算定日における財産目録並びに貸借対照表及び附属明細書
⑥	申請直前事業年度の損益計算書及び附属明細書
⑦	申請直前事業年度の事業報告及び附属明細書
⑧	事業計画書及び収支予算書
⑨	許認可等を証する書類（※許認可等が必要な場合のみ）
⑩	最初の評議員の選任に関する旧主務官庁の認可書の写し（※特例財団法人のみ）
⑪	会員等の位置づけ及び会費に関する細則（※定款のほかに、会員等の位置づけ及び会費に関する何らかの定めを設けている場合のみ）
⑫	事業・組織体系図（※複数の実施事業を行う場合又は複数の事業所で実施事業を行う場合のみ）

（出所）　申請の手引き　移行認可編

第3章　一般法人への移行認可申請

ポイント

◆⑧の事業計画書と収支予算書は、申請日以降の事業年度のものであり、申請年度か翌年度のものを用いる。年度末に近く、翌年度の予算が揃っているならば翌年度のものの方がよい。

◆⑤で添付する財産目録、貸借対照表等は、申請前年度末日を算定日としたものを提出するが、前事業年度終了後3ヶ月以内のため前事業末日のものを作成していない場合は、前々事業年度末日を算定日としたものでもよい。

◆⑥で添付する損益計算書（正味財産増減計算書）も、申請前年度のものであるが、前事業年度終了後3ヶ月以内のため前事業年度のものを作成していない場合は、申請前々年度のものでよい。

◆特例財団法人は、⑩の認可書の写しが必要なため、最初の評議員の選任方法について事前に旧主務官庁に相談しておく方がよい。

◆複数の実施事業を行う場合や複数の事務所で実施事業を行う場合は、事業・組織体系図が必要となる。移行認定申請のものを参考に⑫の事業・組織体系図を作成する（第2章25参照）。

17　かがみ文書の変更点

申請書（かがみ文書）

```
                                    年　　月　　日
        殿
                    法人の名称
                    代表者の氏名　　　　印

                移行認可申請書

　一般社団法人及び一般財団法人に関する法律及び公益
社団法人及び公益財団法人の認定等に関する法律の施行に伴う関係法律の整備等に関する法
律第45条の規定による認可を受けたいので、同法第120条の規定に基づき、
下記のとおり申請します。
                    記

1　主たる事務所の所在場所

2　従たる事務所の所在場所

3　認可を受けた後の法人の名称

4　旧主務官庁の名称
```

（出所）「申請の手引き　移行認可編」をもとに筆者作成
（注）　本章の17以下は、ことわりのない限り、平成20年6月13日以降の留意すべき変更点を平成20年11月14日版での「申請の手引き　移行認可編」に基づき示している。平成21年8月12日版の変更箇所で留意すべき点はポイントの中で触れることにした

第3章　一般法人への移行認可申請

ポイント

◆登記しているが、従たる事務所で事務所としての実体がないものは、ここで従たる事務所に入らないものとして説明する。

> 従たる事務所がない場合には、「なし」と記載してください。このほかに海外に事務所がある場合については、その旨付記してください。なお、登記上の従たる事務所が事業の拠点としての実質を備えておらず（例えば単なる倉庫程度）、従たる事務所を設けていないものとして申請する場合には、その旨の説明を付記してください。

18 別紙1の1の変更点

【別紙1：法人の基本情報】

法人コード	
法人名	

1. 基本情報

フリガナ						
法人の名称						
フリガナ						
認可を受けた後の法人の名称						
現在の法人区分	□ 特例社団法人　□ 特例財団法人					
旧主務官庁の名称[注1]						
主たる事務所の住所及び連絡先						
	住所	〒		都道府県		市区町村
		番地等	（建物名又は部屋番号がある場合は、記載してください。）			
	代表電話番号		FAX番号			
	代表電子メールアドレス		@			
	ホームページアドレス					
代表者の氏名						
事業年度		月	日		月	日
申請業務担当者[注2]						
	氏名（又は名称）		役職（又は担当者名）			
	電話番号		FAX番号			
	電子メールアドレス		@			
事業の概要						

注1： 旧主務官庁の名称及び担当部局を記載してください。また、複数の旧主務官庁が存する場合には、全ての旧主務官庁を記載してください。

注2： 代理人による申請の場合は委任状を添付し、代理人が法人の場合は「氏名」の欄に名称を、「役職」欄に担当者名を記載してください。

(出所) 申請の手引き 移行認可編

第3章　一般法人への移行認可申請

ポイント

◆旧主務官庁が財務省財務局の場合、「金融庁支部局　財務省○○財務局□□部」というように両方記載する必要がある。理由は、申請の際にはまだ主務官庁制が残っており、正式名称の記載を要するためである。

◆事業の概要については、ウェブサイト"公益法人 information"にある、「公益法人等の詳細」に掲載される。多くの人がみることを想定して、簡潔にわかりやすく書いた方がよい。

旧主務官庁の名称及び担当部局（可能であれば、担当課及び担当係まで）を記載してください。また、複数の旧主務官庁が存する場合には、全ての旧主務官庁を記載してください。
記載例：内閣府○○局△△課××係
なお、旧主務官庁が財務省財務局の場合は、「金融庁支部局」と記載してください。
記載例：金融庁支部局
財務省○○財務局
□□部△△課××係

法人全体の事業概要を100文字以内で記載してください。
なお、ここで記載された内容がポータルサイト「公益法人インフォメーション」の法人検索画面において法人名、住所などと共に法人の事業概要として表示されます。

19　別紙3の変更点

【別紙3：公益目的支出計画等】

3．公益目的支出計画
【公益目的支出計画の概要】

1	法人の名称		
2	主たる事務所の所在場所		
3	公益目的財産額		円
4	実施事業等の事業番号注及び内容		
	公益目的事業 （整備法第119条第2項第1号イ）		
	継続事業 （整備法第119条第2項第1号ハ）		←
	特定寄附 （整備法第119条第2項第1号ロ）		
5	公益目的支出の見込額（平均の額）		円
6	実施事業収入の見込額（平均の額）		円
7	（5の額）－（6の額）		円
8	公益目的財産残額が零となる予定の事業年度の末日		
9	公益目的支出計画の実施期間		
10	8の年度までに合併する予定の有無 （有の場合、予定年月日）	☐ 有　　☐ 無	
11	時価評価資産の明細	別表A(1)のとおり	

注：左欄に事業番号を記載してください。
　　（公益目的事業の場合⇒公1、公2・・・、継続事業⇒継1、継2・・、特定寄附⇒寄1，寄2・・・）

（出所）「申請の手引き　移行認可編」を参考に筆者作成

第3章　一般法人への移行認可申請

ポイント

◆従来の事業のなかから実施事業を行う際に、一連の事業のなかに収益事業や共益的事業が入っている場合はこれらを除いた部分のみとする。
◆共益的な事業の場合、旧主務官庁が認めてきたために気づかないものが含まれている場合も考えられるので、指導監督基準の目的部分の公益法人としてふさわしくない事業（本章4参照）に該当しないか確認する必要がある。

> 継続事業については、その適否について旧主務官庁の意見を聴取することになりますので、継続事業の「事業の内容」は、旧主務官庁に事業報告等で届け出ている事業ごとにその名称（内容）を記載してください（ただし、収益事業や共益的事業が含まれる場合はこれらを除いてください。）。

20 別表C(1)-3、(2)-3、(3)-2の追加

別表C(1)-3〔公益目的支出計画〕

【実施事業（公益目的事業）の内容等 ③】

事業番号	事業の内容

【実施事業収入の見込額の算定について】
①「損益計算書(収支予算書)の収益の見込額」に対応した②「実施事業収入の見込額」を記載し、その算定に当たっての考え方を記載してください。

損益計算書の科目	①損益計算書の収益の見込額	②実施事業収入の見込額	②の額の算定に当たっての考え方[注]
	円	円	
	円	円	
	円	円	
	円	円	
	円	円	
	円	円	
	円	円	
	円	円	
	円	円	
計	円	円	

注：実施事業収入の見込額の算定の記載事項について、必要な説明書類を添付してください。

【公益目的支出の見込額の算定について】
①「損益計算書(収支予算書)の費用の見込額」に対応した②「公益目的支出の見込額」を記載し、その算定に当たっての考え方を記載してください。

損益計算書の科目	①損益計算書の費用の見込額	②公益目的支出の見込額	②の額の算定に当たっての考え方[注]
	円	円	
	円	円	
	円	円	
	円	円	
	円	円	
	円	円	
	円	円	
	円	円	
	円	円	
計	円	円	

注：①と②が同額である場合には、「科目」欄を「その他」として、まとめた額を①及び②欄に記載してもかまいません。

（出所）申請の手引き 移行認可編

第3章　一般法人への移行認可申請

|ポイント|

◆電子申請のシステム設計上、別表C(4)を修正し、実施事業等ごとに個別見込額を示すフォームを追加したものである。
◆位置づけは以下のとおりである。

別表C(1)-3、(2)-3、(3)-2とその他別表C各表との関係図

	(イ)公益目的事業　公1	(ロ)継続事業　継1	(ハ)特定寄附　寄1	「共通」を設けている場合
事業概要等	別表C(1)-1（別表の号と根拠含む）	別表C(2)-1	別表C(3)-1（特定寄附の内容）	
公益目的支出と実施事業収入の合計見込額	別表C(1)-2	別表C(2)-2		
公益目的支出と実施事業収入の個別見込額	別表C(1)-3	別表C(2)-3	別表C(3)-2（公益目的支出のみ）	別表C(4)

(出所)　筆者作成

21 別表C(2)-1の変更点

【実施事業(継続事業)の内容等 ①】　　　別表C(2)-1〔公益目的支出計画〕
　　　　　　　　　　　　　　　　　　　　(事業単位ごとに作成してください。)

事業番号	事業の内容
定款(法人の事業又は目的)上の根拠	

(1) 事業の概要について^{注1}

（記入欄）

(2) 本事業を反復継続して行うのに最低限必要となる許認可等について
　　(許認可書の写しを添付してください。)

許認可等の名称	
根拠法令	
許認可等行政機関	

注1：事業の概要の欄では、事業の実施のための財源や人員、必要となる財産を含めて記載してください。また、事業の重要な部分を委託している場合には、その委託部分が分かるように記載してください。

　　　　　　　　　　　　　　　　(出所)　申請の手引き　移行認可編

第3章 一般法人への移行認可申請

ポイント

◆従来の事業を実施事業とする場合、移行認可取得後に定款から外れるものではなく、引き続き定款に位置づけられるものでなければならない。

◆「継続事業は、移行前から旧主務官庁の監督下において公益に関する事業と位置づけられた事業を移行後も引き続き同様に実施するものであることから、移行認可申請に添付する直近の事業報告に記載されていることが必要です。」(移行認可申請の手引き 28頁) という注意書きも加えられており、添付する直近の事業報告書に記載されている事業でなければならない点に注意する必要がある。

> **実施事業は定款に位置づけられている必要があります。**
> 定款の事業又は目的のうち、当該事業がどの条項に該当するのかを記載してください(例:「第〇条第〇項第〇号」)。

22　別表Ｃ(3)-1の変更点

【特定寄附の内容等①】

別表Ｃ(3)-1〔公益目的支出計画〕
（特定寄附ごとに作成してください。）

事業番号	特定寄附の内容	
相手方の名称及び所在場所		
認定法第５条第17号への該当性 注1		
特定寄附の見込額 （当該寄附に係る公益目的支出の見込額）		円
使途を特定する場合の使途の内容		
寄附を実施する予定の時期及び寄附に必要な財源等 注2		
寄附に係る時価評価資産の番号、名称及び帳簿価額 注3		
		円
		円
		円
備　　考		

注１：相手方が、認定法第５条第17号トに該当する場合は、当該相手方が認定法施行令第８条に該当することについて備考欄に説明してください。
注２：この寄附を行う時期及び寄附に必要な財源の確保の方法を記載してください。現物資産を寄附することを予定している場合は、当該資産を記載してください。
注３：資産を寄附することを予定している場合で、当該現物資産が時価評価資産である場合に記載してください。

第3章　一般法人への移行認可申請

> 「特定寄附」とは、いわゆる解散時寄附（民法法人が解散した際にその残余財産を類似の民法法人等に対して寄附すること）と同様の支出を、公益目的支出計画の支出として認めたものです。従って、公益目的支出計画には特定寄附の相手方ごとに、各事業年度ごとの寄附の額を記載していただく必要があります。
> なお、他の公益法人等に対して継続的に行う寄附などの支出を公益目的支出計画に記載する場合、実施事業として記載するか特定寄附として記載するかは法人において判断することになります。
> また、特定寄附の相手方との類似性（類似の事業を目的とするものであること）については、個々の案件ごとに確認することになりますので、申請時に、特定寄附の相手方の定款や登記事項証明書の提出が必要となる場合があります。

（出所）　申請の手引き　移行認可編

ポイント

- ◆寄附（助成）を継続的に行う場合、実施事業とするか特定寄附とするかは法人の判断に委ねられている。ただし、特定寄附は類似の事業を行う法人に対して使途を問わず行うものであるが、公益目的事業の場合は事業が認定法の「公益目的事業」であることが必要であり、寄附先の事業が公益目的事業に該当する必要がある。
- ◆寄附先との類似性を個々に確認するため、上記のとおり、「申請時に、特定寄附の相手方の定款や登記事項証明書の提出が必要となる場合があります。」（移行認可申請の手引き　31頁）とあるので、寄附先は少なくとも定款と登記事項証明書で類似性がある程度、確認できる法人でないと、スムーズな審査は期待しにくいと考えられる。

第**4**章

「定款の変更の案」作成

1 定款の変更の案

移行前	申請	移行後
特例社団法人（旧社団法人）「定款」	定款審査	名称は「定款」のままで、内容を変更

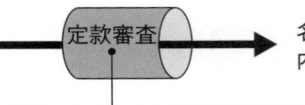

申請を受けた段階で、「定款の変更の案」が移行先の法令に適合しているかを審査

移行認定：整備法100条
　　　　　「……**定款の変更の案**の内容が一般社団・財団法人法及び公益法人認定法並びにこれらに基づく命令の規定に適合するものであること」
移行認可：整備法117条
　　　　　「……**定款の変更の案**の内容が一般社団・財団法人法及びこれらに基づく命令の規定に適合するものであること」

（出所）　筆者作成

ポイント

◆ 名称は社団、財団にかかわらず「定款」に統一したが、社団の場合はもともと「定款」なので名称に変更はない。

◆ 整備法上、認定は「定款の変更の案」が法人法及び認定法等に、認可は「定款の変更の案」が法人法等に適合している必要があるので、申請後、審査されることになる。

◆ 定款作成において、まず重要となるのは、法人として目指す「目的」である。その目的を達成する手段として「事業」を行うことになるので、「事業」が公益目的事業になるかどうかを含め、「目的」次第で事業の位置づけが変わってくる点に注意が必要である。

◆ 「目的」と「事業」の関係がはっきりしていれば、申請書における個々の説明も容易になる。審査をクリアするためだけの定款変更は、目的達成にマイナスとなるので極力避けるべきである。

◆ なお、「定款の変更の案」について、旧主務官庁から特に許可を得る必要はない。

2 内閣府モデル定款の構成

公益社団法人		公益財団法人	
第1章	総則	第1章	総則
第2章	目的及び事業	第2章	目的及び事業
		第3章	資産及び会計
第3章	社員	第4章	評議員
第4章	社員総会	第5章	評議員会
第5章	役員	第6章	役員
第6章	理事会	第7章	理事会
第7章	資産及び会計		
第8章	定款の変更及び解散	第8章	定款の変更及び解散
第9章	公告の方法	第9章	公告の方法
附則		附則	

（出所） 内閣府公益認定等委員会事務局「移行認定のための「定款の変更の案」作成の案内」より筆者加筆

|ポ|イ|ン|ト|

◆定款は認定、認可後に変更することは可能であるが、法人自治において根幹をなすものなので、申請の段階で十分注意して作成する必要がある。

◆これを十分理解した上で内閣府の「移行認定のための「定款の変更の案」作成の案内」（以下「内閣府モデル定款」）を雛形として利用するのであればガバナンス面でも十分有効である。

◆内閣府モデル定款は、①認定を受けるにあたって必ず記載しなければならない必要的記載事項と、②定款に規定すれば効力が生ずる相対的記載事項、③任意に規定する任意的記載事項で構成され、移行認定を目指す法人はもちろん、一般法人を目指す法人も参考になる。

◆公益社団法人も公益財団法人も似たような定款になっているが、社団は人の集まりに、財団は資産にそれぞれ法人格が与えられるので、自ずと構成が違ってくる。

◆公益財団法人の評議員、評議員会は、公益社団法人の社員、社員総会の役割を期待して設けられており、位置づけとしては公益社団法人同様、役員の前にもってきている。ただし、定款の構成は法人の任意で構わない。

3 (社) 総則、目的及び事業

以下本章29までの枠囲いの文章は、内閣府モデル定款に沿って、①必要的記載事項は実線の下線、②相対的記載事項は点線の下線、③任意的記載事項は下線なしとした。

公益社団法人〇〇〇〇定款

第1章　総則

（名称）

第1条　この法人は、公益社団法人〇〇〇〇と称する。
【一般法人に移行する場合については、（注1）を参照】

（事務所）

第2条　この法人は、主たる事務所を〈例：東京都〇〇区〉に置く。

第2章　目的及び事業

（目的）

第3条　この法人は、〇〇〇〇に関する事業を行い、〇〇〇〇に寄与することを目的とする。

（事業）

第4条　この法人は、前条の目的を達成するため、次の事業を行う。

(1) 〇〇〇〇の△△△△その他××××及び〇〇〇〇に関する△△△△の普及

(2) △△△△において××××を行う〇〇〇〇の推進

　　：

(n) その他この法人の目的を達成するために必要な事業

2　前項第1号の事業は、〈例1：日本全国、例2：〇〇地方、例3：〇〇県、……及び〇〇県、例4：〇〇県及びその周辺、例5：〇〇市、例6：本邦及び海外〉、同項第2号の事業は……において行うものとする。

（出所）　移行認定のための「定款の変更の案」作成の案内

第4章 「定款の変更の案」作成

ポイント

◆ 主たる事務所の所在地は、市町村（東京都内なら区）まで記載する。

◆ 公益目的事業を行う法人であるかどうかの判定に際しては、「○○○○に関する事業」と「○○○○に寄与する」との関係が本当に直接的な関係にあるかどうかが問われるので、定款においても明確にしておくことが重要である。

◆ 通常、定款で列挙する事業は、申請書の公1、公2……とほぼ一致するか、若干多くなるのが普通と考えられる。内閣府モデル定款では、「その他この法人の目的を達成するために必要な事業」というバスケットクローズ条項も入れている。

◆ 事業を行う地理的な範囲については、〈例1：日本全国、例2：○○地方、例3：○○県、……及び○○県、例4：○○県及びその周辺、例5：○○市、例6：本邦及び海外〉（内閣府モデル定款4条2号）、とあるように、県や市といった行政単位とすることはもちろん、行政単位を跨ぐ特定の地域とすることも想定されている。

（注）以下、図表では公益社団法人のみ適用されるものも掲載してあるので、一般社団法人の移行申請をする法人は、「国・都道府県公認　公益法人行政総合情報サイト　公益法人 information」で不必要となる規定について確認すること。

4 (社) 社員

第3章　社員
　（法人の構成員）
第5条　この法人は、〈例：この法人の事業に賛同する個人又は団体であって、次条の規定によりこの法人の社員となった者〉をもって構成する。
　（社員の資格の取得）
第6条　この法人の社員になろうとする者は、〈例：理事会の定めるところにより申込みをし、その承認を受けなければならない〉。
　（経費の負担）
第7条　この法人の事業活動に経常的に生じる費用に充てるため、社員になった時及び毎年、社員は、社員総会において別に定める額を支払う義務を負う。
　（任意退社）
第8条　社員は、理事会において別に定める退社届を提出することにより、任意にいつでも退社することができる。
　（除名）
第9条　社員が次のいずれかに該当するに至ったときは、社員総会の決議によって当該社員を除名することができる。
〈例〉
　(1)　この定款その他の規則に違反したとき。
　(2)　この法人の名誉を傷つけ、又は目的に反する行為をしたとき。
　(3)　その他除名すべき正当な事由があるとき。
　（社員資格の喪失）
第10条　前2条の場合のほか、社員は、次のいずれかに該当するに至ったときは、その資格を喪失する。
　(1)　第7条の支払義務を2年以上履行しなかったとき。
　(2)　総社員が同意したとき。
　(3)　当該社員が死亡し、又は解散したとき。

（出所）　移行認定のための「定款の変更の案」作成の案内

第4章 「定款の変更の案」作成

ポイント

◆ "人の集まり"に法人格が与えられる社団では、社員の存在が決定的な意味を持つため、"財産"に法人格が与えられる財団とは本質的に異なる。定款にどういう者が社員として法人を構成するのかを示すことは重要な意味がある。

◆ 正会員、学生会員、賛助会員など複数のグループに分けて、それぞれに会員という呼称をつけることはできるが、どのグループが法でいうところの「社員」なのかを明確にする必要がある。列挙したあとで、「前項の会員のうち正会員をもって一般社団法人及び一般財団法人に関する法律上の社員とする。」(内閣府モデル定款)というように入れておけばよい。

◆ 認定法における認定基準(5条14号)では、社員の資格の取得や喪失に差別的な条件が設けられていないことが求められているが、「承認を受けなければならない」(前頁6条の例)とすることを禁じているのではなく、承認の基準等が差別的であることを禁じているのでその違いを理解して作成する。

◆ 社員のなかから選ばれた複数名が社員総会を形成する代議員制について、新制度においては民主的な手続を経ることを条件に認められているが、民主的な手続をとるためには定款にかなり細かい規定を設ける必要があるので、内閣府モデル定款の備考欄やFAQなどで十分確認しておく必要がある。

5 （社）社員総会（構成～招集）

第4章　社員総会
（構成）
第11条　社員総会は、すべての社員をもって構成する。
（権限）
第12条　社員総会は、次の事項について決議する。
〈例〉
　(1)　社員の除名
　(2)　理事及び監事〈並びに会計監査人〉の選任又は解任
　(3)　理事及び監事の報酬等の額
　(4)　貸借対照表及び損益計算書（正味財産増減計算書）の承認
　(5)　定款の変更
　(6)　解散及び残余財産の処分
　〈(7)　不可欠特定財産の処分の承認〉
　(8)　その他社員総会で決議するものとして法令又はこの定款で定められた事項
【会計監査人を置かない場合、第2号の〈　〉内は不要です。】
（開催）
第13条　社員総会は、定時社員総会として毎年度○月に1回開催するほか、（○月及び）必要がある場合に開催する。
（招集）
第14条　社員総会は、法令に別段の定めがある場合を除き、理事会の決議に基づき代表理事が招集する。
2　総社員の議決権の10分の1以上の議決権を有する社員は、代表理事に対し、社員総会の目的である事項及び招集の理由を示して、社員総会の招集を請求することができる。

（出所）　移行認定のための「定款の変更の案」作成の案内

第 4 章　「定款の変更の案」作成

ポイント

◆一般社団法人は社員総会、理事が必置（負債が200億円以上の大規模法人では会計監査人の設置も必要）であり、公益社団法人にはさらに理事会、監事の設置が必要（収益の額、費用及び損失の額のいずれかが1,000億円以上か、負債の額が50億円以上の場合、会計監査人の設置も必要）である。

◆社員総会にかかる定款の決議の規定については、前頁12条の例のようなものが考えられるが、これは理事会を置く場合には社員総会で決議する内容を限定できるため（法人法35条2項）である。移行認定申請する場合は理事会を置く必要があるので、限定できるということになる。ただし、法人法で決議を義務づけられた事項を他の機関で決定できる規定は、そもそも無効（法人法35条4項）なので、定款に入れた場合は定款審査で指摘を受けることになる。

◆定時社員総会の開催の規定については、開催月を限定して記載するか、年度末などからの一定期間内などとして記載する。年1回の開催であれば後者をとる法人の方が多いとみられるが、この場合には、「毎事業年度終了後3ヶ月以内……、必要な場合……」とするのが一般的な書き方となろう。

6 (社) 社員総会 (議長〜議事録)

(議長)
第15条 社員総会の議長は、〈例1：当該社員総会において社員の中から選出する、例2：代表理事がこれに当たる〉。

(議決権)
第16条 社員総会における議決権は、社員1名につき1個とする。

(決議)
第17条 社員総会の決議は、総社員の議決権の過半数を有する社員が出席し、出席した当該社員の議決権の過半数をもって行う。
2　前項の規定にかかわらず、次の決議は、総社員の半数以上であって、総社員の議決権の〈例：3分の2以上〉に当たる多数をもって行う。
　(1)　社員の除名
　(2)　監事の解任
　(3)　定款の変更
　(4)　解散
　《(5)　不可欠特定財産の処分》
　(6)　その他法令で定められた事項
3　理事又は監事を選任する議案を決議するに際しては、各候補者ごとに第1項の決議を行わなければならない。理事又は監事の候補者の合計数が第19条に定める定数を上回る場合には、過半数の賛成を得た候補者の中から得票数の多い順に定数の枠に達するまでの者を選任することとする。

(議事録)
第18条 社員総会の議事については、法令で定めるところにより、議事録を作成する。
2　議長及び出席した理事は、前項の議事録に記名押印する。

（出所）　移行認定のための「定款の変更の案」作成の案内

第4章 「定款の変更の案」作成

ポイント

◆普通決議の定足数の規定を設ける場合についての大幅な緩和や撤廃については、理由の説明が不適切ならば「不認定又は不認可の対象となる」（留意事項Ⅱ4（定款審査における取扱い））ものの、3分の1程度ならば容認され得る（同注1参照）。

◆理事、監事の選任議案の決議方法については、複数名をまとめて決議する定めは問題がある（留意事項Ⅱ4（考え方）②参照）ので、原則として各候補者ごとに決議をするよう規定するのが無難である。ただし、候補者の一括決議を禁止する定めを設けることを求めるものではない（移行認定又は移行認可の申請に当たって定款の変更の案を作成するに際し特に留意すべき事項について案に関する意見募集手続の結果について別添1-58参照）。

◆社員総会の議事録については法人法で作成を義務づけているが、議事録署名人については理事会の議事録のような議事録署名人についての法的な決まりはない。定款に、「議長及び出席した理事が記名押印する」と規定できれば、ガバナンス的にはより望ましいのかもしれないが、「議長及び総会で選任された議事録署名人2名」などとする方が運営上はやりやすいといえるので、法人としてどちらを優先するか判断が求められる。

7 （社）役員（役員の設置〜会計監査人の職務及び権限）

第5章　役員〈及び会計監査人〉
（役員〈及び会計監査人〉の設置）
<u>第19条</u>　この法人に、次の役員を置く。
　(1)　理事○○名以上○○名以内
　(2)　監事○○名以内
　2　理事のうち1名（○名）を代表理事とする。
　3　代表理事以外の理事のうち○名を業務執行理事とする。
〈4　この法人に会計監査人を置く。〉
（役員〈及び会計監査人〉の選任）
<u>第20条</u>　理事及び監事〈並びに会計監査人〉は、社員総会の決議によって選任する。
　2　代表理事及び業務執行理事は、理事会の決議によって理事の中から選定する。
【会計監査人を置かない場合、〈　〉内は不要です。】
（理事の職務及び権限）
<u>第21条</u>　理事は、理事会を構成し、法令及びこの定款で定めるところにより、職務を執行する。
　2　代表理事は、法令及びこの定款で定めるところにより、この法人を代表し、その業務を執行し、業務執行理事は、〈例：理事会において別に定めるところにより、この法人の業務を分担執行する。〉
（監事の職務及び権限）
<u>第22条</u>　監事は、理事の職務の執行を監査し、法令で定めるところにより、監査報告を作成する。
　2　監事は、いつでも、理事及び使用人に対して事業の報告を求め、この法人の業務及び財産の状況の調査をすることができる。
〈（会計監査人の職務及び権限）
<u>第23条</u>　会計監査人は、法令で定めるところにより、この法人の貸借対照表及び損益計算書（正味財産増減計算書）並びにこれらの附属明細書、財産目録、キャッシュ・フロー計算書を監査し、会計監査報告を作成する。

> 2　会計監査人は、いつでも、次に掲げるものの閲覧及び謄写をし、又は理事及び使用人に対し、会計に関する報告を求めることができる。
> (1)　会計帳簿又はこれに関する資料が書面をもって作成されているときは、当該書面
> (2)　会計帳簿又はこれに関する資料が電磁的記録をもって作成されているときは、当該電磁的記録に記録された事項を法令で定める方法により表示したもの〉
>
> 【会計監査人を置かない場合は、第23条は不要です。】

(出所)　移行認定のための「定款の変更の案」作成の案内

ポイント

◆理事会への代理出席が認められないので、全体的には理事会の定足数を満たすために理事の総数はある程度コンパクトにせざるを得ないと考えられる。ただし、毎回出席可能な理事数だけで2分の1の定足数を満たす水準で設定すれば、毎回出席は難しいが法人として必要な方に理事として残ってもらうこともできるので、このあたりは工夫次第である。

◆代表理事は1名である必要はなく、2名とすることも可能である。

◆定款では代表理事を理事長と表記することもできるが、定款上の理事長が法律上の代表理事であることがわかるよう定款で明確にする必要がある（留意事項Ⅱ2（考え方）②参照）。

◆業務執行理事を置けば、当該理事は代表理事とともに「業務執行権を有し、他の理事は業務執行権を有しない」（FAQ 問Ⅱ-3-①答2(1)補足1）ことになるが、代表権は持たず、業務執行を担う理事であることは登記事項ではない。業務執行理事は必置機関ではないので、設置せずに申請し、認定・認可の取得後に改めて検討することも可能である。

8 (社) 役員(役員の任期~報酬等)

(役員〈及び会計監査人〉の任期)
第24条 理事の任期は、選任後2年以内に終了する事業年度のうち最終のものに関する定時社員総会の終結の時までとする。
2 監事の任期は、選任後4年以内に終了する事業年度のうち最終のものに関する定時社員総会の終結の時までとする。
<u>3 補欠として選任された理事又は監事の任期は、前任者の任期の満了する時までとする。</u>
4 理事又は監事は、第19条に定める定数に足りなくなるときは、任期の満了又は辞任により退任した後も、新たに選任された者が就任するまで、なお理事又は監事としての権利義務を有する。
〈5 会計監査人の任期は、選任後1年以内に終了する事業年度のうち最終のものに関する定時社員総会の終結の時までとする。ただし、その定時社員総会において別段の決議がされなかったときは、再任されたものとみなす。〉
【会計監査人を置かない場合、〈 〉内は不要です。】

(役員〈及び会計監査人〉の解任)
第25条 理事及び監事〈並びに会計監査人〉は、社員総会の決議によって解任することができる。
〈2 監事は、会計監査人が次のいずれかに該当するときは、(監事全員の同意により、)会計監査人を解任することができる。この場合、監事は、解任した旨及び解任の理由を、解任後最初に招集される社員総会に報告するものとする。
(1) 職務上の義務に違反し、又は職務を怠ったとき。
(2) 会計監査人としてふさわしくない非行があったとき。
(3) 心身の故障のため、職務の執行に支障があり、又はこれに堪えないとき。〉
【会計監査人を置かない場合、〈 〉内は不要です。】

(報酬等)
(A)
第26条 理事及び監事に対して、〈例:社員総会において定める総額の範囲内で、社員総会において別に定める報酬等の支給の基準に従って算定した額を〉報酬等として支給することができる。

第4章 「定款の変更の案」作成

(B)
第26条 理事及び監事は、無報酬とする。ただし、常勤の理事及び監事に対しては、〈例：社員総会において定める総額の範囲内で、社員総会において別に定める報酬等の支給の基準に従って算定した額を〉報酬等として支給することができる。
〈2 会計監査人に対する報酬等は、監事の（過半数の）同意を得て理事会において定める。〉
【会計監査人を置かない場合、〈 〉内は不要です。】

(出所) 移行認定のための「定款の変更の案」作成の案内

ポイント

- ◆理事の任期は選任後2年以内の最終の定時社員総会終結時までであるが、社員総会の決議で短くできるほか、定款で短い期間を定めることも可能である（法人法66条）。
- ◆監事の任期は4年以内の最終の定時社員総会終結時までであるが、2年以内の最終の定時社員総会終結時までを限度に、定款で短くすることも可能である（法人法67条）。
- ◆前頁の24条では、定款に記載があれば可能となる補欠の理事・監事の任期を前任者の任期の満了までとする条文を入れてある。なお、この場合の「補欠」は、予め選任された補欠だけでなく、「前任者が（任期の満了前に）退任した後に、補欠者を選任する場合も該当しうると解されます。」（FAQ 問Ⅱ-1-②答（補足））とあり、後任を補欠として選任することで、選任時期を実質的に一定時期に固定化することが可能になると考えられる。

9 （社）理事会（構成～議事録）

第6章　理事会

（構成）

第27条　この法人に理事会を置く。

2　理事会は、すべての理事をもって構成する。

（権限）

第28条　理事会は、次の職務を行う。

(1)　この法人の業務執行の決定

(2)　理事の職務の執行の監督

(3)　代表理事及び業務執行理事の選定及び解職

（招集）

第29条　理事会は、代表理事が招集する。

2　代表理事が欠けたとき又は代表理事に事故があるときは、各理事が理事会を招集する。

（決議）

第30条　理事会の決議は、決議について特別の利害関係を有する理事を除く理事の過半数が出席し、その過半数をもって行う。

2　前項の規定にかかわらず、一般社団法人及び一般財団法人に関する法律第96条の要件を満たしたときは、理事会の決議があったものとみなす。

（議事録）

第31条　理事会の議事については、法令で定めるところにより、議事録を作成する。

2　出席した理事及び監事は、前項の議事録に記名押印する。

（出所）　移行認定のための「定款の変更の案」作成の案内

第4章 「定款の変更の案」作成

ポイント

◆理事会は公益社団法人の場合は必置であるが、一般社団法人であれば任意である。

◆理事会への代理出席は認められないが、事前に書面・電磁的記録で全員の同意を得れば決議があったものとみなす旨を定款で定めることができる（法人法96条）。機動的な運営を行うためには、前頁30条2項のように決議の省略の定めを置いた方がよいであろう。

◆議事録への署名は、「出席した理事及び監事」が行うことになっているが、定款で定めれば「出席した代表理事及び監事」とすることができる（法人法95条3項）。出席した理事と監事の記名押印はガバナンス強化の観点からは評価できるものの、理事全員に記名押印を求めることは実際にはかなりの負担が予想されるので、定款で「出席した代表理事」に変更するのが普通であろう。

◆社員総会及び理事会などの法的な機関以外に、法定外の任意の機関として「常任理事会」、「常務会」などを置くことも可能である。こうした機関に「理事会の審議事項の検討等の準備を行うこととすることは可能」（留意事項Ⅱ2（注1））であるが、本来、法的機関で行うべきことを、これら任意の機関の役割として定款で定めることはできない。そもそも、定款で定めなくとも「法定の機関の権限を制約するような運用は許されない」（同）ので、任意の機関の設置を定款で定める場合には、その役割について法律上の機関の権限を奪うものにならないよう十分注意することが必要である。

10 (社) 資産及び会計（基本財産～事業計画及び収支予算）

第7章　資産及び会計

（基本財産）

第32条　別表の財産は、公益社団法人及び公益財団法人の認定等に関する法律第5条第16号に定める公益目的事業を行うために不可欠な特定の財産であり、この法人の基本財産とする。

2　前項の財産は、〈例：(社員総会において別に定めるところにより、)この法人の目的を達成するために善良な管理者の注意をもって管理しなければならず、処分するときは、あらかじめ理事会及び社員総会の承認を要する。〉

（事業年度）

第33条　この法人の事業年度は、毎年〇月〇〇日に始まり翌年〇月〇〇日に終わる。

（事業計画及び収支予算）

第34条　この法人の事業計画書、収支予算書、資金調達及び設備投資の見込みを記載した書類については、毎事業年度の開始の日の前日までに、代表理事が作成し、〈例1：理事会の承認、例2：理事会の決議を経て、社員総会の承認〉を受けなければならない。これを変更する場合も、同様とする。

2　前項の書類については、主たる事務所（及び従たる事務所）に、当該事業年度が終了するまでの間備え置き、一般の閲覧に供するものとする。

（出所）　移行認定のための「定款の変更の案」作成の案内

第4章 「定款の変更の案」作成

ポイント

◆一般財団法人と違い、一般社団法人では基本財産について法人法の規定がないので、基本財産についての定めを設けないのが普通であろう。ただし、認定法では不可欠特定財産を有する場合は、「必要な事項を定款で定めているものであること」（認定法5条16号）としているので、「法律に基づかない任意の財産区分としての「基本財産」」（モデル定款注29）という位置づけではあるが、認定取得の際は定款に定める必要がある。しかし、不可欠特定財産は美術館の美術品などに範囲が限られているので、公益社団法人としてこれに該当する財産を有するようなケースは稀であると推測される。

◆決算関連と違い、事業計画書、収支予算書等については法人法で定めがないが、公益社団法人であれば事業年度開始の前日までに作成する必要がある（認定法21条1項）ので、予め定款で規定しておくことは有効である。前頁のとおり、モデル定款では、これらを代表理事が作成し、①理事会の承認を受ける方法、②理事会の決議を経て社員総会の承認を受ける方法の2通りが例として挙げられている。

11 （社）資産及び会計
（事業報告及び決算～公益目的取得財産残額の算定）

（事業報告及び決算）
【会計監査人を置いている場合の例】
第35条 この法人の事業報告及び決算については、毎事業年度終了後、代表理事が次の書類を作成し、監事の監査を受け、かつ、第3号から第7号までの書類について会計監査人の監査を受けた上で、理事会の承認を受けなければならない。
(1) 事業報告
(2) 事業報告の附属明細書
(3) 貸借対照表
(4) 損益計算書（正味財産増減計算書）
(5) 貸借対照表及び損益計算書（正味財産増減計算書）の附属明細書
(6) 財産目録
〈(7) キャッシュ・フロー計算書〉
2 前項の承認を受けた書類のうち、第1号、第3号、第4号、第6号及び第7号の書類については、定時社員総会に報告するものとする。ただし、一般社団法人及び一般財団法人に関する法律施行規則第48条に定める要件に該当しない場合には、第1号の書類を除き、定時社員総会への報告に代えて、定時社員総会の承認を受けなければならない。
3 第1項の書類のほか、次の書類を主たる事務所に5年間（、また、従たる事務所に3年間）備え置き、一般の閲覧に供するとともに、定款（を主たる事務所及び従たる事務所に）、社員名簿を主たる事務所に備え置き、一般の閲覧に供するものとする。
(1) 監査報告
(2) 会計監査報告
(3) 理事及び監事の名簿
(4) 理事及び監事の報酬等の支給の基準を記載した書類
(5) 運営組織及び事業活動の状況の概要及びこれらに関する数値のうち重要なものを記載した書類

> **（公益目的取得財産残額の算定）**
> **第36条** 代表理事は、公益社団法人及び公益財団法人の認定等に関する法律施行規則第48条の規定に基づき、毎事業年度、当該事業年度の末日における公益目的取得財産残額を算定し、前条第3項第5号の書類に記載するものとする。

（出所）　移行認定のための「定款の変更の案」作成の案内

ポイント

◆キャッシュ・フロー計算書は会計監査人の設置義務がある一般社団法人、公益社団法人に作成が義務付けられている。逆の言い方をすると、会計監査人設置の義務のない公益社団法人と、一般社団法人にはキャッシュ・フロー計算書の作成は求められていない。

◆事業報告書と決算についての定款表記における一連の流れを会計監査人設置の場合で示すと、①代表理事が作成→②監事の監査、会計監査人の監査（貸借対照表、損益計算書、それぞれの附属明細書、財産目録、必要ならキャッシュ・フロー計算書）→③理事会の承認→④社員総会への報告（事業報告、貸借対照表、損益計算書、財産目録、必要ならキャッシュ・フロー計算書）となる。ただし、④で承認でなく、報告とできるのは、計算書類の承認の特則に関する要件を定めた法人法規則48条の要件に該当することが条件（法人法127条）である。

◆上記36条の規定は、公益社団法人の場合、認定法規則48条で事業年度末時点の公益目的取得財産残額を算定しなければならないことに対応したものである。認定取消しの際に、1ヶ月以内に贈与されることになる財産に準じて算定される。

12 (社)定款の変更及び解散(定款の変更～残余財産の帰属)

第8章　定款の変更及び解散

（定款の変更）

第37条　この定款は、社員総会の決議によって変更することができる。

（解散）

第38条　この法人は、社員総会の決議その他法令で定められた事由により解散する。

（公益認定の取消し等に伴う贈与）

第39条　この法人が公益認定の取消しの処分を受けた場合又は合併により法人が消滅する場合（その権利義務を承継する法人が公益法人であるときを除く。）には、社員総会の決議を経て、公益目的取得財産残額に相当する額の財産を、当該公益認定の取消しの日又は当該合併の日から1箇月以内に、公益社団法人及び公益財団法人の認定等に関する法律第5条第17号に掲げる法人又は国若しくは地方公共団体に贈与するものとする。

（残余財産の帰属）

第40条　この法人が清算をする場合において有する残余財産は、社員総会の決議を経て、公益社団法人及び公益財団法人の認定等に関する法律第5条第17号に掲げる法人又は国若しくは地方公共団体に贈与するものとする。

（出所）　移行認定のための「定款の変更の案」作成の案内

第4章 「定款の変更の案」作成

ポイント

- ◆定款の変更は社員総会の特別決議を経れば自由に行える（法人法146条）。この点が主務官庁制下の公益法人のときとは大きく異なるので、定款にしっかりと記載する方がよい。
- ◆法人法における解散事由としては、定款で定めた存続期間の満了、定款で定めた解散の事由の発生（法人法148条１号、２号）のほか、社員総会の決議、社員が欠けたこと（同３号、４号）などがある。ただし、定款上の解散の表記については前頁38条のように「社員総会の決議その他法令で定められた事由により解散する。」とするのが一般的であろう。
- ◆認定申請する法人は、認定取消し、合併で法人が消滅する場合の規定として、１ヶ月以内に認定法５条17号の法人か国、地方公共団体に贈与する旨を定める必要がある。
- ◆同様に、法人を清算する場合においても、認定法５条17号の法人か国、地方公共団体に贈与する旨を定める必要がある。
- ◆認定法５条17号の法人については、「申請時には第17号に掲げる者とのみ定めることで足る。」（GL Ⅰ 16）ので、前頁39条、40条の両規定とも具体的な記載は必要ない。

13 (社) 公告の方法

第9章　公告の方法

（公告の方法）

第41条　この法人の公告は、

〈例1：官報に掲載する方法〉

〈例2：東京都において発行する○○新聞に掲載する方法〉

〈例3：電子公告〉

〈例4：主たる事務所の公衆の見やすい場所に掲示する方法〉により行う。

〈例3の場合〉

2　事故その他やむを得ない事由によって前項の電子公告をすることができない場合は、〈例：東京都において発行する○○新聞に掲載する方法〉による。

（出所）　移行認定のための「定款の変更の案」作成の案内

第4章 「定款の変更の案」作成

ポイント

◆主務官庁による監督から、法人自身が積極的に情報開示を行うことで国民側が監視をする制度へと移行するなかで、公告も1つの重要なツールとなる。法人法においても公告は義務化されており（法人法128条）、公告方法の定款への記載も義務である（法人法11条1項6号）。

◆公告の方法については、①官報に掲載する方法、②時事に関する事項を掲載する日刊新聞紙に掲載する方法、③電子公告、④主たる事務所の公衆の見やすい場所に掲示する方法（法人法331条1項、同規則88条）のいずれかを定めることができることになっている。

◆②の日刊新聞紙に掲載する方法をとる場合は、「一種又は数種の新聞を特定するか、特定できるように記載するかしなければならず、また、その発行地も特定することが望ましい」（FAQ問Ⅰ-3-⑩答3）ということであるから、できれば発行地域名まで定款に入れる方がよい。

◆③の電子公告にした場合に限り、事故その他やむを得ない事由によって電子公告による公告ができない場合には、①、②とすることも可能である。なお、電子公告による方法は会社法941条を準用するため、電子公告調査機関への調査依頼の手続が必要となるが、決算に限っては社員総会後5年間ホームページに掲載するだけで電子公告調査機関への調査依頼は不要である（法人法128条、民事局サイト「電子公告制度について　3決算公告に関する特例」http://www.moj.go.jp/MINJI/minji81.html 参照）。

◆また、「法人の公告は官報又は東京都において発行する○○新聞に掲載する方法により行う。」という選択的な定めや、「貸借対照表を官報、正味財産増減計算書を電子公告により行う。」といったように、公告する内容でそれぞれ異なる公告方法を定めることは認められていない（詳細はFAQ問Ⅰ-3-⑩答2参照）。

14 （社）附則

　　附　則
1　この定款は、一般社団法人及び一般財団法人に関する法律及び公益社団法人及び公益財団法人の認定等に関する法律の施行に伴う関係法律の整備等に関する法律第106条第1項に定める公益法人の設立の登記の日から施行する。
2　この法人の最初の代表理事は〇〇〇〇〈、会計監査人は〇〇〇〇〉とする。【会計監査人を置かない場合、〈　〉内は不要です。】
3　一般社団法人及び一般財団法人に関する法律及び公益社団法人及び公益財団法人の認定等に関する法律の施行に伴う関係法律の整備等に関する法律第106条第11項に定める特例民法法人の解散の登記と公益法人の設立の登記を行ったときは、第33条の規定にかかわらず、解散の登記の日の前日を事業年度の末日とし、設立の登記の日を事業年度の開始日とする。

別表　基本財産（第32条関係）

財産種別	場所・物量等
美術品	絵画〇点 〇年〇月以前取得

（出所）　移行認定のための「定款の変更の案」作成の案内

第4章 「定款の変更の案」作成

ポイント

◆法人法では代表理事については理事会で理事のなかから選定する（法人法90条3項）ことになっているが、移行前に法人法上の理事会を設置せずに移行と同時に代表理事を置くためには、定款の附則に最初の代表理事就任予定者の名前を記載する方法がある。

◆登記を行うタイミングが事業年度（本章10第33条）の途中となる場合、その事業年度を解散・設立の登記日前後で分ける必要があり、これを前頁の附則のように規定するのが一般的である。なお、一般法人に移行する場合は、認定の登記に関する整備法106条1項を同121条1項で準用しているので、内閣府モデル定款では、附則3「第106条」の前に「第121条第1項において読み替えて準用する同法」を入れた例を備考欄に掲載してある。

◆内閣府モデル定款の最後には、別表として不可欠特定財産を想定したかのような基本財産の表の例があるが、本章10で述べたとおり、公益社団法人に必要となるケースは稀であると推測される。

15　定款の変更の案

```
      移行前            申請              移行後
特例財団法人                           名称は「定款」に、
(旧財団法人)「寄附行為」→ 定款審査 →    内容も変更
```

申請を受けた段階で、「定款の変更の案」が移行先の法令に適合しているかを審査

移行認定：整備法100条
　　「……定款の変更の案の内容が一般社団・財団法人法及び公益法人認定法
　　並びにこれらに基づく命令の規定に適合するものであること」
移行認可：整備法117条
　　「……定款の変更の案の内容が一般社団・財団法人法及びこれらに基づく
　　命令の規定に適合するものであること」

(出所)　筆者作成

ポイント

◆一般法において社団、財団とも「定款」という名称にしたので、財団の「寄附行為」は移行後、「定款」と呼ばれるようになる。したがって、現行寄附行為の変更へ向けた修正案は、意味的には寄附行為の変更の案であるが、「定款の変更の案」として扱われる。

◆整備法上、認定は「定款の変更の案」が法人法及び認定法等に、認可は「定款の変更の案」が法人法等に適合している必要があるので、申請後、審査されることになる。

◆定款作成において、まず重要となるのは、法人として目指す「目的」である。その目的を達成する手段として「事業」を行うことになるので、「事業」が公益目的事業になるかどうかを含め、「目的」次第で事業の位置づけが変わってくる点に注意が必要である。

◆「目的」と「事業」の関係がはっきりしていれば、申請書における個々の説明も容易になる。審査をクリアするためだけの定款変更は、目的達成にマイナスとなるので極力避けるべきである。

◆なお、「定款の変更の案」について、旧主務官庁から特に許可を得る必要はない。

16 （財）総則、目的及び事業（名称〜事業）

公益財団法人○○○○定款

第1章　総則
（名称）
第1条　この法人は、公益財団法人○○○○と称する。
【一般法人に移行する場合については、（注1）を参照】
（事務所）
第2条　この法人は、主たる事務所を〈例：東京都○○区〉に置く。
第2章　目的及び事業
（目的）
第3条　この法人は、○○○○に関する事業を行い、○○○○に寄与することを目的とする。
（事業）
第4条　この法人は、前条の目的を達成するため、次の事業を行う。
　(1)　○○○○の△△△△その他××××及び○○○○に関する△△△△の普及
　(2)　△△△△において××××を行う○○○○の推進
　　：
　(n)　その他この法人の目的を達成するために必要な事業
2　前項第1号の事業は、〈例1：日本全国、例2：○○地方、例3：○○県、……及び○○県、例4：○○県及びその周辺、例5：○○市、例6：本邦及び海外〉、同項第2号の事業は……において行うものとする。

（出所）　移行認定のための「定款の変更の案」作成の案内

ポイント

- ◆主たる事務所の所在地は、市町村（東京都内なら区）まで記載する。
- ◆公益目的事業を行う法人であるかどうかの判定に際しては、「○○○○に関する事業」と「○○○○に寄与する」との関係が本当に直接的な関係にあるかどうかが問われるので、定款においても明確にしておくことが重要である。
- ◆通常、定款で列挙する事業は、申請書の公1、公2……とほぼ一致するか、若干多くなるのが普通であると考えられる。内閣府モデル定款では、「その他この法人の目的を達成するために必要な事業」というバスケットクローズ条項も入れている。
- ◆事業を行う地理的な範囲については、〈例1：日本全国、例2：○○地方、例3：○○県、……及び○○県、例4：○○県及びその周辺、例5：○○市、例6：本邦及び海外〉（内閣府モデル定款4条2号）、とあるように、県や市といった行政によることはもちろん、行政単位を跨ぐ特定の地域とすることも想定されている。
- （注）以下、公益財団法人のみ適用されるものも掲載してあるので、一般財団法人の移行申請をする法人は、「国・都道府県公認　公益法人行政総合情報サイト　公益法人information」で不必要となる規定について確認すること。

17 （財）資産及び会計（基本財産～事業計画及び収支予算）

第3章　資産及び会計

（基本財産）

第5条　この法人の目的である事業を行うために不可欠な別表第1及び別表第2の財産は、この法人の基本財産とする。

2　基本財産は、〈例：（評議員会において別に定めるところにより、）この法人の目的を達成するために善良な管理者の注意をもって管理しなければならず、基本財産の一部を処分しようとするとき及び基本財産から除外しようとするときは、あらかじめ理事会及び評議員会の承認を要する。〉

3　別表第2の財産は、公益社団法人及び公益財団法人の認定等に関する法律第5条第16号に定める公益目的事業を行うために不可欠な特定の財産とする。

（事業年度）

第6条　この法人の事業年度は、毎年○月○○日に始まり翌年○月○○日に終わる。

（事業計画及び収支予算）

第7条　この法人の事業計画書、収支予算書、資金調達及び設備投資の見込みを記載した書類については、毎事業年度開始の日の前日までに、代表理事が作成し、〈例1：理事会の承認、例2：理事会の決議を経て、評議員会の承認〉を受けなければならない。これを変更する場合も、同様とする。

2　前項の書類については、主たる事務所（及び従たる事務所）に、当該事業年度が終了するまでの間備え置き、一般の閲覧に供するものとする。

（出所）　移行認定のための「定款の変更の案」作成の案内

第4章 「定款の変更の案」作成

ポ イ ン ト

- ◆財団は財産に法人格が与えられており、人の集まりに法人格が与えられている社団とはこの点で異なる。したがって、資産に関する規定が重要であるので、内閣府モデル定款でも、資産及び会計に関する規定が役員等に関する規定よりも前にきている。
- ◆基本財産については、①従来の定めは無効になること、②新たに定款で定めれば維持・処分の制限のかかる財産になること、③仮に基本財産なしでも構わないこと、の3点を理解しておく必要がある。主務官庁制のもとでは指導・監督において、基本財産の取崩しは極めて厳しい管理を要請されてきたためか、基本財産であれば控除対象財産となるかのように錯覚している法人も見受けられるが、維持・処分の制限をかけることと「遊休財産」でないということは別なので、定款に基本財産の規定を設けるには、その意味を十分理解する必要がある。
- ◆ただし、移行認定の可否とは別に、従来の基本財産が寄附者の指定によっている場合もあるので、その基本財産を新たな特定資産等に変更する場合においては、事前に寄附者の了解を得ておいた方がよいであろう。
- ◆また、不可欠特定財産の定款の定めは基本財産の法人法の定めに従うことになる（GL I 15(2)）ので、移行認定申請、公益認定申請をする際にも基本財産としての扱いとなる。ただし、美術館の美術品など範囲が限られており、公益財団法人であってもこれに該当する財産を有するようなケースは、美術品を扱うか歴史・文化の保存を行う財団以外はあまり多くないと推測される。
- ◆決算関連と違い、事業計画書、収支予算書等については法人法で定めがないが、公益財団法人であれば事業年度開始の前日までに作成する必要がある（認定法21条1項）ので、定款で規定しておくことは有効である。前頁のとおり、モデル定款では、これらを代表理事が作成し、①理事会の承認を受ける方法、②理事会の決議を経て評議員会の承認を受ける方法の2通りが例として挙げられている。

18 （財）資産及び会計
（事業報告及び決算～公益目的取得財産残額の算定）

（事業報告及び決算）
【会計監査人を置いている場合の例】
第8条　この法人の事業報告及び決算については、毎事業年度終了後、代表理事が次の書類を作成し、監事の監査を受け、かつ、第3号から第7号までの書類について会計監査人の監査を受けた上で、理事会の承認を受けなければならない。
(1)　事業報告
(2)　事業報告の附属明細書
(3)　貸借対照表
(4)　損益計算書（正味財産増減計算書）
(5)　貸借対照表及び損益計算書（正味財産増減計算書）の附属明細書
(6)　財産目録
〈(7)　キャッシュ・フロー計算書〉
2　前項の承認を受けた書類のうち、第1号、第3号、第4号、第6号及び第7号の書類については、定時評議員会に報告するものとする。ただし、一般社団法人及び一般財団法人に関する法律施行規則第64条において準用する同規則第48条に定める要件に該当しない場合には、第1号の書類を除き、定時評議員会への報告に代えて、定時評議員会の承認を受けなければならない。
3　第1項の書類のほか、次の書類を主たる事務所に5年間（、また、従たる事務所に3年間）備え置き、一般の閲覧に供するとともに、定款を主たる事務所（及び従たる事務所）に備え置き、一般の閲覧に供するものとする。
(1)　監査報告
(2)　会計監査報告
(3)　理事及び監事並びに評議員の名簿
(4)　理事及び監事並びに評議員の報酬等の支給の基準を記載した書類
(5)　運営組織及び事業活動の状況の概要及びこれらに関する数値のうち重要なものを記載した書類

（公益目的取得財産残額の算定）
第9条　代表理事は、公益社団法人及び公益財団法人の認定等に関する法律施

> 行規則第48条の規定に基づき、毎事業年度、当該事業年度の末日における公益目的取得財産残額を算定し、前条第3項第5号の書類に記載するものとする。

（出所）　移行認定のための「定款の変更の案」作成の案内

ポイント

◆キャッシュ・フロー計算書は会計監査人の設置義務のある一般財団法人、公益財団法人に作成が義務づけられている。逆の言い方をすると、会計監査人設置の義務のない、公益財団法人と、一般財団法人にはキャッシュ・フロー計算書の作成は求められていない。

◆事業報告書と決算についての定款表記における一連の流れを会計監査人設置の場合で示すと、①代表理事が作成→②監事の監査、会計監査人の監査（貸借対照表、損益計算書、それぞれの附属明細書、財産目録、必要ならキャッシュ・フロー計算書）→③理事会の承認→④評議員会への報告（事業報告、貸借対照表、損益計算書、財産目録、必要ならキャッシュ・フロー計算書）となる。ただし、④で承認でなく、報告とできるのは、計算書類の承認の特則に関する要件を定めた法人法規則48条の要件に該当することが条件（法人法127条）である。

◆前頁9条の規定は、公益財団法人の場合、認定法規則48条で事業年度末時点の公益目的取得財産残額を算定しなければならないことに対応したものである。認定取消しの際に、1ヶ月以内に贈与されることになる財産に準じて算定される。

19 （財）評議員
（評議員～評議員の選任及び解任：選定委員会を設置する場合）

第4章　評議員
　（評議員）
第10条　この法人に評議員○○名以上○○名以内を置く。
　（評議員の選任及び解任）
第11条　評議員の選任及び解任は、評議員選定委員会において行う。
2　評議員選定委員会は、評議員1名、監事1名、事務局員1名、次項の定めに基づいて選任された外部委員2名の合計5名で構成する。
3　評議員選定委員会の外部委員は、次のいずれにも該当しない者を理事会において選任する。
　(1)　この法人又は関連団体（主要な取引先及び重要な利害関係を有する団体を含む。以下同じ。）の業務を執行する者又は使用人
　(2)　過去に前号に規定する者となったことがある者
　(3)　第1号又は第2号に該当する者の配偶者、3親等内の親族、使用人（過去に使用人となった者も含む。）
4　評議員選定委員会に提出する評議員候補者は、理事会又は評議員会がそれぞれ推薦することができる。評議員選定委員会の運営についての細則は、理事会において定める。
5　評議員選定委員会に評議員候補者を推薦する場合には、次の事項のほか、当該候補者を評議員として適任と判断した理由を委員に説明しなければならない。
　(1)　当該候補者の経歴
　(2)　当該候補者を候補者とした理由
　(3)　当該候補者とこの法人及び役員等（理事、監事及び評議員）との関係
　(4)　当該候補者の兼職状況
6　評議員選定委員会の決議は、委員の過半数が出席し、その過半数をもって行う。ただし、外部委員の1名以上が出席し、かつ、外部委員の1名以上が賛成することを要する。
7　評議員選定委員会は、前条で定める評議員の定数を欠くこととなるときに備えて、補欠の評議員を選任することができる。
8　前項の場合には、評議員選定委員会は、次の事項も併せて決定しなければならない。
　(1)　当該候補者が補欠の評議員である旨
　(2)　当該候補者を1人又は2人以上の特定の評議員の補欠の評議員として選任するときは、その旨及び当該特定の評議員の氏名
　(3)　同一の評議員（2以上の評議員の補欠として選任した場合にあっては、当該2以上の評議員）につき2人以上の補欠の評議員を選任するときは、

第4章 「定款の変更の案」作成

> 当該補欠の評議員相互間の優先順位
> 9　第7項の補欠の評議員の選任に係る決議は、当該決議後4年以内に終了する事業年度のうち最終のものに関する定時評議員会の終結の時まで、その効力を有する。

（出所）　移行認定のための「定款の変更の案」作成の案内

ポイント

- ◆指導監督基準で設けられた評議員、評議員会（指導監督基準4(4)①）では、評議員は理事会が選任することになっていた（同②）が、法人法における評議員は理事を監督する側に立つので、理事会が選任する定款の定めは効力を有しない（法人法153条3項1号）ことになっている。
- ◆評議員についても理事会における理事と同様、評議員会への代理出席が認められないので、全体的には評議員会の定足数を満たすために評議員の総数はある程度コンパクトにせざるを得ないと考えられる。ただし、毎回出席可能な評議員数だけで2分の1の定足数を満たす水準で設定すれば、毎回出席は難しいが法人として必要な方に評議員として残ってもらうこともできるので、このあたりは工夫次第である。
- ◆法人法では評議員会に理事の選任・解任等の非常に強い権限を与えているにもかかわらず、理事のような親族や他の同一の団体からの理事が理事総数の3分の1超とすることを禁ずる基準（認定法5条10号、11号）が設けられていない。したがって、特定の勢力に支配されないようなしくみにしなければならないため、定款審査では選任・解任の方法として認め得る余地は極めて限られていると考えられる。モデル定款では、①選定委員会による方法と②評議員会が選任する方法が示されている。なお、一般財団法人への認可申請であっても選任・解任方法の定めは必要であるが、このような定めにしなくてもよい。
- ◆前頁11条のような外部委員を入れた選定委員会による方法は、中立的な判断が下されることが期待できるため可能であれば望ましい方法である。しかし、法人又は関係団体の業務執行者や使用人でなく過去にそうなったこともない外部委員候補を探し出すだけでも容易ではなく、報酬が生ずるようであれば費用もかかることから、この方法をとる法人が多数になるとは考えにくい。

20 (財)評議員
(評議員の選任及び解任：評議員会で選定する場合)

第4章　評議員
（評議員の選任及び解任）
第11条　評議員の選任及び解任は、一般社団法人及び一般財団法人に関する法律第179条から第195条の規定に従い、評議員会において行う。
2　評議員を選任する場合には、次の各号の要件をいずれも満たさなければならない。
(1) 各評議員について、次のイからヘに該当する評議員の合計数が評議員の総数の3分の1を超えないものであること。
　　イ　当該評議員及びその配偶者又は3親等内の親族
　　ロ　当該評議員と婚姻の届出をしていないが事実上婚姻関係と同様の事情にある者
　　ハ　当該評議員の使用人
　　ニ　ロ又はハに掲げる者以外の者であって、当該評議員から受ける金銭その他の財産によって生計を維持しているもの
　　ホ　ハ又はニに掲げる者の配偶者
　　ヘ　ロからニまでに掲げる者の3親等内の親族であって、これらの者と生計を一にするもの
(2) 他の同一の団体（公益法人を除く。）の次のイからニに該当する評議員の合計数が評議員の総数の3分の1を超えないものであること。
　　イ　理事
　　ロ　使用人
　　ハ　当該他の同一の団体の理事以外の役員（法人でない団体で代表者又は管理人の定めのあるものにあっては、その代表者又は管理人）又は業務を執行する社員である者
　　ニ　次に掲げる団体においてその職員（国会議員及び地方公共団体の議会の議員を除く。）である者
　　　① 国の機関
　　　② 地方公共団体
　　　③ 独立行政法人通則法第2条第1項に規定する独立行政法人

第4章 「定款の変更の案」作成

> ④ 国立大学法人法第2条第1項に規定する国立大学法人又は同条第3項に規定する大学共同利用機関法人
> ⑤ 地方独立行政法人法第2条第1項に規定する地方独立行政法人
> ⑥ 特殊法人（特別の法律により特別の設立行為をもって設立された法人であって、総務省設置法第4条第15号の規定の適用を受けるものをいう。）又は認可法人（特別の法律により設立され、かつ、その設立に関し行政官庁の認可を要する法人をいう。）

（出所）　移行認定のための「定款の変更の案」作成の案内

ポイント

◆評議員選定委員会による方法以外に認定申請する法人には、評議員会で選定する方法がある。評議員会においては、評議員会で選定するとした場合には、「評議員の構成を公益法人認定法第5条第10号及び第11号に準じたもの」（留意事項Ⅱ6）とする定めを定款に入れることにより、特定の勢力を排除できるしくみが必要である。

◆認定法5条11号の「他の特定の団体」については、その範囲についての指摘を受けることがあるが、基本的には法人格や組織が同一であるもの（公益法人を除く）で学校法人でも同一であれば"3分の1のルール"の適用対象となる。国の場合は、「一般的には事務分掌の単位である省庁単位」（FAQ問Ⅳ-2-①答2）であるが「法人の目的、事業が国全般に関係する場合には国の機関全体」（同）であり、自治体については「地方公共団体単位であり、例えば都道府県であれば、知事部局や教育委員会等も含めて捉え」（GLパブコメ結果別添1-159）ることになる。

　なお、任意団体のようなケースでも、「「他の同一の団体の対象」となる団体は、法人格の有無を問わないため、権利能力なき社団もこれに含まれ」る（FAQ問Ⅳ-2-③答1）（その他"3分の1のルール"については第2章24参照）。

◆評議員は理事を兼務できず、また子法人の理事、監事又は使用人さえも兼務できないが、この子法人の範囲については、平成21年8月1日に法改正がなされているので、注意を要する。

21 (財)評議員(任期〜評議員に対する報酬等)

(任期)
第12条 評議員の任期は、選任後4年以内に終了する事業年度のうち最終のものに関する定時評議員会の終結の時までとする。
<u>2　任期の満了前に退任した評議員の補欠として選任された評議員の任期は、退任した評議員の任期の満了する時までとする。</u>
3　評議員は、第10条に定める定数に足りなくなるときは、任期の満了又は辞任により退任した後も、新たに選任された者が就任するまで、なお評議員としての権利義務を有する。
(評議員に対する報酬等)
第13条 評議員に対して、<u>〈例：各年度の総額が○○○○○○円を超えない範囲で、評議員会において別に定める報酬等の支給の基準に従って算定した額を、報酬として〉</u>支給する。

(出所)　移行認定のための「定款の変更の案」作成の案内

第4章 「定款の変更の案」作成

ポイント

- ◆評議員の任期は選任後4年以内の最終評議員会の終結時までであるが、6年以内の最終評議員会の終結時まで任期を伸長することができる（法人法174条1項）。評議員が理事側を監視する側に位置することから、理事が任期を短縮できる（法人法66条）としているのとは逆の方向の規定になっている。
- ◆理事・監事の補欠の選任と同様に評議員の補欠の選任もできると考えられている（FAQ問Ⅱ-1-②答1）。任期を退任者の任期満了時までと定款で規定すれば、そのようにすることも可能であり、本章8のポイントと同じ考え方をとることができる。
- ◆評議員の報酬等の額は定款で定めることになっており（法人法196条）、報酬があればその額について記載する必要がある。支払方法については、認定申請の際に設置を義務づけられている役員等報酬等支給基準（認定法5条13号）に基づいて行うことになる。
- ◆評議員の受け取る報酬等については上限を設けておくのが望ましいと考えられるが、そもそも無報酬というところも少なくないとみられる。もし無報酬であればその旨を定款に記載することになるが、その場合でも職務にかかる費用の支払いはできるよう書き加えておくのが無難である。

22 (財) 評議員会 (構成〜招集)

第5章 評議員会

(構成)

第14条　評議員会は、すべての評議員をもって構成する。

(権限)

第15条　評議員会は、次の事項について決議する。

(1) 理事及び監事〈並びに会計監査人〉の選任又は解任

(2) 理事及び監事の報酬等の額

(3) 評議員に対する報酬等の支給の基準

(4) 貸借対照表及び損益計算書(正味財産増減計算書)の承認

(5) 定款の変更

(6) 残余財産の処分

(7) 基本財産の処分又は除外の承認

(8) その他評議員会で決議するものとして法令又はこの定款で定められた事項

【会計監査人を置いていない場合、〈　〉内は不要です。】

(開催)

第16条　評議員会は、定時評議員会として毎年度〇月に1回開催するほか、(〇月及び) 必要がある場合に開催する。

(招集)

第17条　評議員会は、法令に別段の定めがある場合を除き、理事会の決議に基づき代表理事が招集する。

2　評議員は、代表理事に対し、評議員会の目的である事項及び招集の理由を示して、評議員会の招集を請求することができる。

(出所)　移行認定のための「定款の変更の案」作成の案内

第4章 「定款の変更の案」作成

ポイント

◆理事、監事の選任・解任は評議員会の決議事項となっている（法人法63条1項）。

◆評議員会にかかる定款の決議の規定については、社員総会と違い、理事会を必置とする一般財団法人、公益財団法人では決議する内容を初めから限定されている（法人法178条2項）。また、法人法で決議を義務づけられた事項を他の機関で決定できる規定は無効（同3項）であることから、定款に入れた場合は定款審査で指摘を受けることになる。

◆財団の基本財産については法人法に記載がある（法人法172条2項）ので、基本財産を定めている場合は基本財産の処分又は除外の承認を評議員会の決議事項としておくことは適当である。

◆定時評議員会の開催の規定については、開催月を限定して記載するか、年度末などからの一定期間内などとして記載する。年1回の開催であれば後者をとる場合、「毎事業年度終了後3ヶ月以内……、必要な場合……」とするのが一般的な書き方となろう。

23 （財）評議員会（決議～議事録）

（決議）
第18条　評議員会の決議は、決議について特別の利害関係を有する評議員を除く評議員の過半数が出席し、その過半数をもって行う。
2　前項の規定にかかわらず、次の決議は、決議について特別の利害関係を有する評議員を除く評議員の〈例：3分の2以上〉に当たる多数をもって行わなければならない。
(1)　監事の解任
(2)　評議員に対する報酬等の支給の基準
(3)　定款の変更
(4)　基本財産の処分又は除外の承認
(5)　その他法令で定められた事項
3　理事又は監事を選任する議案を決議するに際しては、各候補者ごとに第1項の決議を行わなければならない。理事又は監事の候補者の合計数が第20条に定める定数を上回る場合には、過半数の賛成を得た候補者の中から得票数の多い順に定数の枠に達するまでの者を選任することとする。

（議事録）
第19条　評議員会の議事については、法令で定めるところにより、議事録を作成する。
2　出席した評議員及び理事は、前項の議事録に記名押印する。

（出所）　移行認定のための「定款の変更の案」作成の案内

第4章 「定款の変更の案」作成

ポイント

◆評議員会への代理出席は認められないが、事前に書面・電磁的記録で全員の同意を得れば決議があったものとみなされる（法人法194条1項）。

◆普通決議の定足数について「緩和する内容の定款の定めは無効」（留意事項Ⅱ4（注3））となっている。

◆理事、監事の選任議案の決議方法については、複数名をまとめて決議する定めは問題がある（留意事項Ⅱ（考え方）4②参照）ので、原則として各候補者ごとに決議をするよう規定するのが無難である。ただし、候補者の一括決議を禁止する定めを設けることを求めるものではない（移行認定又は移行認可の申請に当たって定款の変更の案を作成するに際し特に留意すべき事項について案に関する意見募集手続の結果について別添1-58参照）。

◆評議員会の議事録については法人法で作成を義務づけているが、議事録署名人については理事会の議事録のような議事録署名人についての法的な決まりはない。定款に、「議長及び出席した理事が記名押印する」と規定できれば、ガバナンス的にはより望ましいのかもしれないが、既に認定を受けた財団法人の定款を見る限り、「議長及び評議員会で選任された議事録署名人2名」などとしている方が一般的である。

24　(財)役員（役員の設置〜会計監査人の職務及び権限）

第6章　役員〈及び会計監査人〉
（役員〈及び会計監査人〉の設置）
第20条　この法人に、次の役員を置く。
（1）　理事〇〇名以上〇〇名以内
（2）　監事〇〇名以内
2　理事のうち1名（〇名）を代表理事とする。
3　代表理事以外の理事のうち、〇名を業務執行理事とする。
〈4　この法人に会計監査人を置く。〉
（役員〈並びに会計監査人〉の選任）
第21条　理事及び監事〈並びに会計監査人〉は、評議員会の決議によって選任する。
2　代表理事及び業務執行理事は、理事会の決議によって理事の中から選定する。
【会計監査人を置かない場合、〈　〉内は不要です。】
（理事の職務及び権限）
第22条　理事は、理事会を構成し、法令及びこの定款で定めるところにより、職務を執行する。
2　代表理事は、法令及びこの定款で定めるところにより、この法人を代表し、その業務を執行し、業務執行理事は、〈例：理事会において別に定めるところにより、この法人の業務を分担執行する。〉
（監事の職務及び権限）
第23条　監事は、理事の職務の執行を監査し、法令で定めるところにより、監査報告を作成する。
2　監事は、いつでも、理事及び使用人に対して事業の報告を求め、この法人の業務及び財産の状況の調査をすることができる。
〈(会計監査人の職務及び権限)
第24条　会計監査人は、法令で定めるところにより、この法人の貸借対照表及び損益計算書（正味財産増減計算書）並びにこれらの附属明細書、財産目録、キャッシュ・フロー計算書を監査し、会計監査報告を作成する。

2 会計監査人は、いつでも、次に掲げるものの閲覧及び謄写をし、又は理事及び使用人に対し、会計に関する報告を求めることができる。
(1) 会計帳簿又はこれに関する資料が書面をもって作成されているときは、当該書面
(2) 会計帳簿又はこれに関する資料が電磁的記録をもって作成されているときは、当該電磁的記録に記録された事項を法令で定める方法により表示したもの〉
【会計監査人を置かない場合は、第24条は不要です。】

(出所) 移行認定のための「定款の変更の案」作成の案内

ポイント

- ◆理事会への代理出席が認められないので、全体的には理事会の定足数を満たすために理事の総数はある程度コンパクトにせざるを得ないと考えられる。ただし、毎回出席可能な理事数だけで2分の1の定足数を満たす水準で設定すれば、毎回出席は難しいが法人として必要な方に理事として残ってもらうこともできるので、このあたりは工夫次第である。
- ◆代表理事は1名である必要はなく、2名とすることも可能である。
- ◆定款では代表理事を理事長と表記することもできるが、定款上の理事長が法律上の代表理事であることがわかるよう定款で明確にする必要がある（留意事項Ⅱ2（考え方）②参照）。
- ◆業務執行理事を置けば、当該理事は代表理事とともに「業務執行権を有し、他の理事は業務執行権を有しない」（FAQ問Ⅱ-3-①答2(1)補足1）ことになるが、代表権は持たず、業務執行を担う理事であることは登記事項ではない。業務執行理事は必置機関ではないので、設置せずに申請し、認定・認可の取得後に改めて検討することも可能である。

25 (財) 役員 (役員の任期～報酬等)

（役員〈及び会計監査人〉の任期）
第25条　理事の任期は、選任後2年以内に終了する事業年度のうち最終のものに関する定時評議員会の終結の時までとする。
2　監事の任期は、選任後4年以内に終了する事業年度のうち最終のものに関する定時評議員会の終結の時までとする。
3　補欠として選任された理事又は監事の任期は、前任者の任期の満了する時までとする。
4　理事又は監事は、第20条に定める定数に足りなくなるときは、任期の満了又は辞任により退任した後も、新たに選任された者が就任するまで、なお理事又は監事としての権利義務を有する。
〈5　会計監査人の任期は、選任後1年以内に終了する事業年度のうち最終のものに関する定時評議員会の終結の時までとする。ただし、その定時評議員会において別段の決議がされなかったときは、再任されたものとみなす。〉
【会計監査人を置かない場合、〈　〉内は不要です。】

（役員〈及び会計監査人〉の解任）
第26条　理事又は監事が、次のいずれかに該当するときは、評議員会の決議によって解任することができる。
　(1)　職務上の義務に違反し、又は職務を怠ったとき。
　(2)　心身の故障のため、職務の執行に支障があり、又はこれに堪えないとき。
〈2　会計監査人が、次のいずれかに該当するときは、評議員会の決議によって解任することができる。
　(1)　職務上の義務に違反し、又は職務を怠ったとき。
　(2)　会計監査人としてふさわしくない非行があったとき。
　(3)　心身の故障のため、職務の執行に支障があり、又はこれに堪えないとき。
3　監事は、会計監査人が、前項第1号から第3号までのいずれかに該当するときは、（監事全員の同意により、）会計監査人を解任することができる。この場合、監事は、解任した旨及び解任の理由を、解任後最初に招集される評議員会に報告するものとする。〉
【会計監査人を置かない場合、〈　〉内は不要です。】

第4章 「定款の変更の案」作成

（報酬等）

（Ａ）

第27条 理事及び監事に対して、〈例：評議員会において別に定める総額の範囲内で、評議員会において別に定める報酬等の支給の基準に従って算定した額を〉報酬等として支給することができる。

（Ｂ）

第27条 理事及び監事は、無報酬とする。ただし、常勤の理事及び監事に対しては、〈例：評議員会において別に定める総額の範囲内で、評議員会において別に定める報酬等の支給の基準に従って算定した額を〉報酬等として支給することができる。

〈２　会計監査人に対する報酬等は、監事の（過半数の）同意を得て、理事会において定める。〉

【会計監査人を置かない場合、〈　〉内は不要です。】

（出所）　移行認定のための「定款の変更の案」作成の案内

ポイント

◆理事の任期は選任後2年以内の最終の定時評議員会終結時までであるが、定款で短い期間を定めることも可能である（法人法66条）。

◆監事の任期は4年以内の最終の定時社員総会終結時までであるが、2年以内の最終の定時社員総会終結時までを限度に、定款で短くすることも可能である（法人法67条）。

◆前頁の25条では、定款に記載があれば可能となる補欠の理事・監事の任期を前任者の任期の満了までとする条文を入れてある。なお、この場合の「補欠」は、予め選任された補欠だけでなく、「前任者が（任期の満了前に）退任した後に、補欠者を選任する場合も該当しうると解されます。」（FAQ問Ⅱ-1-②答（補足））とあり、後任を補欠として選任することで、選任時期を実質的に一定時期に固定化することが可能になると考えられる。

26 (財) 理事会 (構成〜議事録)

第7章　理事会
　（構成）
第28条　理事会は、すべての理事をもって構成する。
　（権限）
第29条　理事会は、次の職務を行う。
　(1)　この法人の業務執行の決定
　(2)　理事の職務の執行の監督
　(3)　代表理事及び業務執行理事の選定及び解職
　（招集）
第30条　理事会は、代表理事が招集する。
2　代表理事が欠けたとき又は代表理事に事故があるときは、各理事が理事会を招集する。
　（決議）
第31条　理事会の決議は、決議について特別の利害関係を有する理事を除く理事の過半数が出席し、その過半数をもって行う。
2　前項の規定にかかわらず、一般社団法人及び一般財団法人に関する法律第197条において準用する同法第96条の要件を満たしたときは、理事会の決議があったものとみなす。
　（議事録）
第32条　理事会の議事については、法令で定めるところにより、議事録を作成する。
2　出席した理事及び監事は、前項の議事録に記名押印する。

（出所）　移行認定のための「定款の変更の案」作成の案内

第4章 「定款の変更の案」作成

ポイント

◆理事会は一般財団法人、公益財団法人とも必置である。

◆理事会への代理出席は認められないが、事前に書面・電磁的記録で全員の同意を得れば決議があったものとみなす旨を定款で定めることができる（法人法96条）。機動的な運営を行うためには、前頁31条2項のように決議の省略の定めを置いた方がよいであろう。

◆議事録への署名は、「出席した理事及び監事」が行うことになっているが、定款で定めれば「出席した代表理事及び監事」とすることができる（法人法75条3項）。出席した理事と監事の記名押印はガバナンス強化の観点からは評価できるものの、理事全員に記名押印を求めることは実際にはかなりの負担が予想されるので、定款で「出席した代表理事」に変更するのが普通であろう。

◆評議員会及び理事会などの法的な機関以外に、法定外の任意の機関として「常任理事会」、「常務会」などを置くことも可能である。こうした機関に「理事会の審議事項の検討等の準備を行うこととすることは可能」（留意事項Ⅱ2（注1））であるが、本来、法的機関で行うべきことを、これら任意の機関の役割として定款で定めることはできない。そもそも、定款で定めなくとも「法定の機関の権限を制約するような運用は許されない」（同）ので、任意の機関の設置を定款で定める場合には、その役割について法律上の機関の権限を奪うものにならないよう十分注意することが必要である。

27 (財) 定款の変更及び解散(定款の変更～残余財産の帰属)

第8章　定款の変更及び解散
　(定款の変更)
第33条　この定款は、評議員会の決議によって変更することができる。
2　前項の規定は、この定款の第3条及び第4条(及び第11条)についても適用する。
　(解散)
第34条　この法人は、基本財産の滅失によるこの法人の目的である事業の成功の不能その他法令で定められた事由によって解散する。
　(公益認定の取消し等に伴う贈与)
第35条　この法人が公益認定の取消しの処分を受けた場合又は合併により法人が消滅する場合(その権利義務を承継する法人が公益法人であるときを除く。)には、評議員会の決議を経て、公益目的取得財産残額に相当する額の財産を、当該公益認定の取消しの日又は当該合併の日から1箇月以内に、公益社団法人及び公益財団法人の認定等に関する法律第5条第17号に掲げる法人又は国若しくは地方公共団体に贈与するものとする。
　(残余財産の帰属)
第36条　この法人が清算をする場合において有する残余財産は、評議員会の決議を経て、公益社団法人及び公益財団法人の認定等に関する法律第5条第17号に掲げる法人又は国若しくは地方公共団体に贈与するものとする。

(出所)　移行認定のための「定款の変更の案」作成の案内

第4章 「定款の変更の案」作成

ポイント

- ◆定款の変更は、目的及び評議員の選任及び解任の方法を除き、評議員会の特別決議を経れば自由に行える（法人法200条）。この点が旧主務官庁制下の公益法人のときとは大きく異なるので、定款にしっかりと記載する方がよい。
- ◆法人法における解散事由には、定款で定めた存続期間の満了、定款で定めた解散の事由の発生（法人法202条1項1号、2号）のほか、基本財産の滅失もあげられている（同3号）。ただし、定款上の解散の表記については、前頁34条のように「基本財産の滅失によるこの法人の目的である事業の成功の不能その他法令」とするのが一般的であろう。
- ◆認定申請する法人は、認定取消し、合併で法人が消滅する場合の規定として、1ヶ月以内に認定法5条17号の法人か国、地方公共団体に贈与する旨を定める必要がある。
- ◆同様に、法人を清算する場合においても、認定法5条17号の法人か国、地方公共団体に贈与する旨を定める必要がある。
- ◆認定法5条17号の法人については、「申請時には第17号に掲げる者とのみ定めることで足る。」（GL 16）ので、前頁39条、40条の両規定とも具体的な記載は必要ない。

28 （財）公告の方法

> 第9章　公告の方法
>
> （公告の方法）
>
> **第37条**　この法人の公告は、
> 〈例1：官報に掲載する方法〉
> 〈例2：東京都において発行する○○新聞に掲載する方法〉
> 〈例3：電子公告〉
> 〈例4：主たる事務所の公衆の見やすい場所に掲示する方法〉により行う。
> 〈例3の場合〉
> 2　事故その他やむを得ない事由によって前項の電子公告をすることができない場合は、〈例：東京都において発行する○○新聞に掲載する方法〉による。

（出所）　移行認定のための「定款の変更の案」作成の案内

第4章 「定款の変更の案」作成

ポイント

◆ 主務官庁による監督から、法人自身が積極的に情報開示を行うことで国民側が監視をする制度へと移行するなかで、公告も１つの重要なツールとなる。法人法においても公告は義務化されており（法人法128条）、公告方法の定款への記載も義務である（法人法153条１項９号）。

◆ 公告の方法については、①官報に掲載する方法、②時事に関する事項を掲載する日刊新聞紙に掲載する方法、③電子公告、④主たる事務所の公衆の見やすい場所に掲示する方法（法人法331条１項、同規則88条）のいずれかを定めることができることになっている。

◆ ②の日刊新聞紙に掲載する方法をとる場合は、「一種又は数種の新聞を特定するか、特定できるように記載するかしなければならず、また、その発行地も特定することが望ましい」（FAQ問Ⅰ-3-⑩答3）ということであるから、できれば発行地域名まで定款に入れる方がよい。

◆ ③の電子公告にした場合に限り、事故その他やむを得ない事由によって電子公告による公告ができない場合には、①、②とすることも可能である。なお、電子公告による方法は会社法941条を準用するため、電子公告調査機関への調査依頼の手続が必要となるが、決算に限っては社員総会後５年間ホームページに掲載するだけで電子公告調査機関への調査依頼は不要である（法人法128条、民事局サイト「電子公告制度について　３決算公告に関する特例」http://www.moj.go.jp/MINJI/minji81.html 参照）。

◆ また、「法人の公告は官報又は東京都において発行する○○新聞に掲載する方法により行う。」という選択的な定めや、「貸借対照表を官報、正味財産増減計算書を電子公告により行う。」といったように、公告する内容でそれぞれ異なる公告方法を定めることは認められていない（詳細はFAQ問Ⅰ-3-⑩答2参照）。

29 （財）附則

附 則

1 この定款は、一般社団法人及び一般財団法人に関する法律及び公益社団法人及び公益財団法人の認定等に関する法律の施行に伴う関係法律の整備等に関する法律第106条第1項に定める公益法人の設立の登記の日から施行する。

2 一般社団法人及び一般財団法人に関する法律及び公益社団法人及び公益財団法人の認定等に関する法律の施行に伴う関係法律の整備等に関する法律第106条第1項に定める特例民法法人の解散の登記と公益法人の設立の登記を行ったときは、第6条の規定にかかわらず、解散の登記の日の前日を事業年度の末日とし、設立の登記の日を事業年度の開始日とする。

3 この法人の最初の代表理事は○○○○〈、会計監査人は○○○○〉とする。【会計監査人を置かない場合、〈 〉内は不要です。】

4 この法人の最初の評議員は、次に掲げる者とする。
　　　○○○○
　　　○○○○
　　　　：

別表第1　基本財産（公益目的事業を行うために不可欠な特定の財産以外のもの）（第5条関係）
　（省略）

別表第2　公益目的事業を行うために不可欠な特定の財産（第5条関係）
　（省略）

（出所）　移行認定のための「定款の変更の案」作成の案内

第4章 「定款の変更の案」作成

ポイント

◆登記を行うタイミングが事業年度（本章17第6条）の途中となる場合、その事業年度を解散・設立の登記日前後で分ける必要があり、これを前頁附則のように規定するのが一般的である。なお、一般法人に移行する場合は、認定の登記に関する整備法106条1項を同121条1項で準用しているので、内閣府モデル定款では、附則2「第106条」の前に「第121条第1項において読み替えて準用する同法」を入れた例を備考欄に掲載してある。

◆法人法では代表理事については理事会で理事のなかから選定する（法人法90条3項）ことになっているが、移行前に法人法上の理事会を設置せずに移行と同時に代表理事を置くためには、定款の附則に最初の代表理事就任予定者の名前を記載する方法がある。

◆最初の評議員の定款の変更の案への掲名は「必須」ではなくなった（平成21年8月25日、公益法人information参照）ため、内閣府モデル定款の備考欄（注36）も「有用な取扱い」へと変更になっている。

◆前頁別表第1では不可欠特定財産以外の基本財産を、別表第2では不可欠特定財産を記載する様式になっている（後者については、本章14参照）。こうした情報を掲載できれば情報開示という意味では優れているが、定款の別表で基本財産についての細かい情報を記載すると、財産を取り崩すたびに定款の変更の手続が必要となる。情報開示については期末ごとの財産目録に譲り、定款への掲載を避ける方法も検討に値しよう。

30　譲渡所得等非課税特例への対応

国税庁長官による租税特別措置法第40条の承認を受けるための定款の定めの例
〈内閣府モデル定款における例（一般社団法人、公益社団法人）〉

> 第○条　この法人の理事のうちには、理事のいずれか1人及びその親族その他特殊の関係がある者の合計数が、理事総数（現在数）の3分の1を超えて含まれることになってはならない。
> 2　この法人の監事には、この法人の理事（親族その他特殊の関係がある者を含む。）及びこの法人の使用人が含まれてはならない。また、各監事は、相互に親族その他特殊の関係があってはならない。
> 第○条　この法人が清算をする場合において有する残余財産は、社員総会の決議を経て、国若しくは地方公共団体又は認定法第5条第17号に掲げる法人であって租税特別措置法第40条第1項に規定する公益法人等に該当する法人に贈与するものとする。
> 第○条　この法人が保有する株式（出資）について、その株式（出資）に係る議決権を行使する場合には、あらかじめ理事会において理事総数（現在数）の3分の2以上の承認を要する。（別例　第○条　この法人は、保有する株式（出資）に係る議決権を行使してはならない。）

（出所）「移行認定のための「定款の変更の案」作成の案内」

第4章 「定款の変更の案」作成

ポイント

◆公益社団法人、公益財団法人、非営利性が徹底された一般社団法人や一般財団法人は、国税庁の承認があれば、租税特別措置法40条の譲渡所得等非課税の規定の適用を受けることができる。

◆国税庁長官の承認を得るためには、①親族等が役員等の数のうち3分の1以下とする定め（租税特別措置法施行令25条の17第6項1号）、②解散時の残余財産が国、地方公共団体、他の公益法人等に贈与する定め（同3号）、③法人が保有する議決権行使については予め理事会で3分の2以上の承認を必要とする定め（（平成20年12月1日以後に行われた贈与等の取扱い）租税特別措置法第40条第1項後段の規定による譲渡所得等の非課税の取扱いについて（法令解釈通達）18(1)イ(ロ)）を置く必要があるので、前頁の例のような規定を定款に置くことが考えられる。

◆一般財団法人、公益財団法人の場合、前頁の条文に加えて評議員について定めが必要となる。

第5章

新たな公益法人、一般法人の税制

1　収益事業課税と公益目的事業非課税

法人税法施行令5条における収益事業の範囲

一	物品販売業	十八	代理業
二	不動産販売業	十九	仲立業
三	金銭貸付業	二十	問屋業
四	物品貸付業	二十一	鉱業
五	不動産貸付業	二十二	土石採取業
六	製造業	二十三	浴場業
七	通信業	二十四	理容業
八	運送業	二十五	美容業
九	倉庫業	二十六	興行業
十	請負業	二十七	遊技所業
十一	印刷業	二十八	遊覧所業
十二	出版業	二十九	医療保健業
十三	写真業	三十	技芸の教授
十四	席貸業	三十一	駐車場業
十五	旅館業	三十二	信用保証業
十六	料理店業その他の飲食店業	三十三	無体財産権の提供等
十七	周旋業	三十四	労働者派遣業

・これに該当しない事業は収益事業等であっても非課税で、該当していても、認定法の「公益目的事業」ならば非課税
　（注）　事業名のあとに「うち次に掲げるもの以外のもの」や「うち次に掲げるもの」としているものもあるので、実際の範囲はこれよりも限定されている。

第5章　新たな公益法人、一般法人の税制

ポイント

◆法人税の収益事業課税は、法人税法施行令で列挙された34事業にのみ適用されるもので、これ以外の事業であれば非課税となる。目的が何であれ、物を売れば物品販売業になり、出版で利益がでれば課税対象となる税法上の"収益事業"というくくりである。認定法では、公益目的事業以外の事業を収益事業等（5条7号）としているが、この概念とは異なるものである。

◆このことから公益目的事業にも、税法上の収益事業に該当する事業が存在することはあり得る。また、収益事業等であっても税法上の収益事業に該当しないものもあり得る。

◆公益社団法人と公益財団法人にかかる新税制では、公益目的事業であれば非課税となったため、税法上の収益事業に該当しても非課税となった。したがって、課税対象は収益事業等における税法上の収益事業のみということになる。

◆一般法人は税法上、非営利型法人とそうでない法人に分かれるが、後者の場合は、収益事業課税ではなく全所得課税となるので注意が必要である。

2 みなし寄附金制度

収益事業等の利益の50％を繰り入れる場合

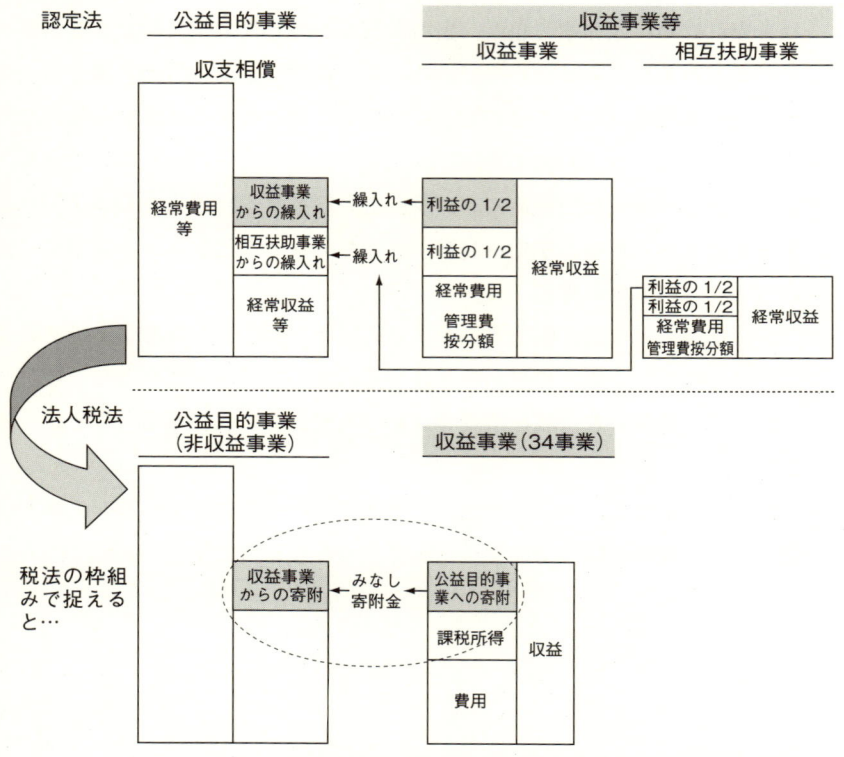

認定法　公益目的事業　　　　　　　　　収益事業等
　　　　　　　　　　　　　　　収益事業　　　　相互扶助事業

収支相償

経常費用等　｜　収益事業からの繰入れ　←繰入れ←　利益の1/2
　　　　　　｜　相互扶助事業からの繰入れ　←繰入れ←　利益の1/2
　　　　　　｜　経常収益等　　　　　　　　経常費用・管理費按分額　｜　経常収益
　　　　　　　　　　　　　　　　　　　　　　　　　　　　　　　　　利益の1/2
　　　　　　　　　　　　　　　　　　　　　　　　　　　　　　　　　利益の1/2
　　　　　　　　　　　　　　　　　　　　　　　　　　　　　　　　　経常費用・管理費按分額　｜　経常収益

法人税法 ⤵

公益目的事業（非収益事業）　　　　　収益事業（34事業）

税法の枠組みで捉えると…

　　　収益事業からの寄附　←みなし寄附金→　公益目的事業への寄附
　　　　　　　　　　　　　　　　　　　　　課税所得　｜　収益
　　　　　　　　　　　　　　　　　　　　　費用

（出所）　国税庁「新しい公益法人関連税制の手引」等を参考に筆者作成

ポイント

◆税法上の収益事業から非収益事業への振替え分を寄附とみなして（みなし寄附金）損金算入できる。

◆新制度のもとでは、収支相償の計算でなされる収益事業等会計から公益目的事業会計への繰入れ分がこれに対応する。したがって、収益事業から非収益事業への繰入れであっても公益目的事業以外の繰入れは対象外となる。

◆所得の50％か、収支相償の上限（収入が費用を超過しない範囲）までなら100％でも繰り入れた分は"みなし寄附金"の対象となる（「公益法人特別限度額」として所得の50％を超えることができる）。

◆非営利型法人を含めて、一般法人にはみなし寄附金制度の適用はない。

3 譲渡所得等非課税特例

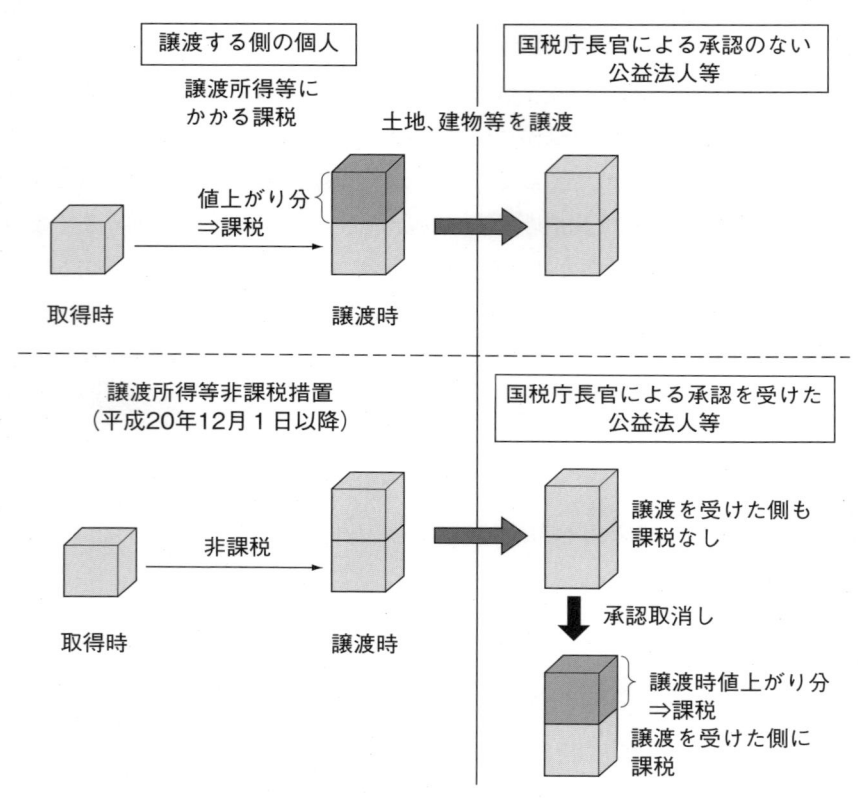

譲渡する側の個人

譲渡所得等にかかる課税

土地、建物等を譲渡

値上がり分 ⇒課税

取得時 → 譲渡時

国税庁長官による承認のない公益法人等

譲渡所得等非課税措置
（平成20年12月1日以降）

非課税

取得時 → 譲渡時

国税庁長官による承認を受けた公益法人等

譲渡を受けた側も課税なし

↓ 承認取消し

譲渡時値上がり分 ⇒課税
譲渡を受けた側に課税

（出所）公益法人information「新制度における主な課税の取扱いについて」（平成21年4月1日現在）等を参考に筆者作成

第5章　新たな公益法人、一般法人の税制

ポイント

◆個人が財産を寄附する場合、所得税法によって、寄附する時点での時価との差額は譲渡所得として寄附者側に課税されるが、租税特別措置法40条で国税庁長官の承認を受けた法人に対しての寄附である場合、譲渡所得税は非課税となる。

◆ただし、「寄附財産を公益を目的とする事業の用に直接供した後に承認が取り消されたときは、寄附を受けた法人を個人とみなして所得税が課税」（国税庁「公益法人等に財産を寄附した場合の譲渡所得等の非課税の特例のあらまし」*）されるよう改正されたので、取消しの際は法人側の所得として課税されることになる。

◆紙幅の都合上、解説しきれない細かい規定が多数あるので、実際に譲渡所得等非課税特例を受ける法人となる際は、国税庁のホームページで詳細を確認しておく必要がある。

　* http://www.nta.go.jp/tetsuzuki/shinsei/annai/joto/annai/23300007_01.htm

4　特定公益増進法人への寄附

> 法人による寄附

　法人税法　　一般の寄附枠と別に損金算入可
　限度　　　　（資本金等＊×0.25％＋所得金額×5％）×1／2
　　　　　　　　＊資本又は出資を有するものの場合

　法人税法施行令

> **（公益の増進に著しく寄与する法人の範囲）**
> **第七十七条**　法第三十七条第四項（公益の増進に著しく寄与する法人に対する寄附金）に規定する政令で定める法人は、次に掲げる法人とする。
> 　（略）
> 　三　公益社団法人及び公益財団法人
> 　（略）

> 個人による寄附

　所得税法　　寄附金額－5,000円を所得控除
　限度　　　　総所得金額等の40％

　所得税法施行令

> **（公益の増進に著しく寄与する法人の範囲）**
> **第二百十七条**　法第七十八条第二項第三号（公益の増進に著しく寄与する法人に対する寄附金）に規定する政令で定める法人は、次に掲げる法人とする。
> 　（略）
> 　三　公益社団法人及び公益財団法人
> 　（略）

第5章　新たな公益法人、一般法人の税制

以前の旧公益法人に対する制度　　　　現行の新公益法人に対する制度

```
主務大臣の認定を受けた法人のみ            特定公益増進法人
      特定公益増進法人                      新公益法人
```

862法人
（平成20年4月1日現在）

旧公益法人（特例民法法人）
約25,000法人

（出所）　国税庁各種資料、公益法人白書を参考に筆者作成

ポイント

◆前制度では、公益法人が主務大臣から特定公益増進法人の認定を受けるのは非常に難しく、受けても原則2年で更新する必要があった。

◆新制度では公益社団法人と公益財団法人が直接、特定公益認定法人の対象となっているので、公益認定を受ければそのまま特定公益増進法人となる。

◆法人は一般の寄附枠と別に損金算入でき、個人も5,000円を超える分について所得控除の対象となる。

◆特に収入の多くを寄附から得ている法人では、寄附者にとって同じ寄附負担額でより多くの寄附を受けることができ、個人から幅広い寄附が期待できる点でメリットが大きい。

◆特定非営利活動法人（NPO法人）のなかには寄附優遇税制がとりづらいとされる認定NPO法人ではなく、一般法人を新たに立ち上げた上で公益認定をとる法人もでてきている。

5　法人税法上の類型

法人法、認定法上の区分のまま：

公益社団法人、公益財団法人
（認定法上の公益認定を受ける）

通常の一般社団法人、一般財団法人		
非営利型法人		非営利型法人以外の法人
非営利性が徹底された法人	共益的活動を目的とする法人	（普通法人）

↑ 税制で別途区分

（出所）　筆者作成

ポイント

◆ 公益社団法人、公益財団法人への区分は、行政庁による認定を受けた法人がそのまま税制上の区分となる。

◆ 通常の一般法人は非営利型法人と非営利型法人以外の法人（＝普通法人）に分かれる。

◆ 非営利型法人には2つの類型があり、要件によって「非営利性が徹底された法人」と「共益的活動を目的とする法人」に分かれる。

◆ 非営利法人であるため剰余金の分配を目的とするものではないが、非営利型法人以外の法人は、税制上"普通法人"として扱われる。

6 税制上の区分要件

類型	要件
(イ) 非営利性が徹底された法人	① その定款に剰余金の分配を行わない旨の定めがあること。 ② その定款に解散したときはその残余財産が国若しくは地方公共団体又は次に掲げる法人に帰属する旨の定めがあること。 　ⅰ 公益社団法人又は公益財団法人 　ⅱ 公益法人認定法第5条第17号イからトまでに掲げる法人 ③ ①及び②の定款の定めに反する行為（①、②及び④に掲げる要件のすべてに該当していた期間において、剰余金の分配又は残余財産の分配若しくは引渡し以外の方法（合併による資産の移転を含む。）により特定の個人又は団体に特別の利益を与えることを含む。）を行うことを決定し、又は行ったことがないこと。 ④ 各理事（清算人を含む。以下同じ。）について、その理事及びその理事の配偶者又は3親等以内の親族その他のその理事と一定の特殊の関係のある者（注1）である理事の合計数の理事の総数のうちに占める割合が、3分の1以下であること（注2）。
(ロ) 共益的活動を目的とする法人	① その会員の相互の支援、交流、連絡その他のその会員に共通する利益を図る活動を行うことをその主たる目的としていること。 ② その定款（定款に基づく約款その他これに準ずるものを含む。）に、その会員が会費として負担すべき金銭の額の定め又はその金銭の額を社員総会若しくは評議員会の決議により定める旨の定めがあること。 ③ その主たる事業として収益事業を行っていないこと。 ④ その定款に特定の個人又は団体に剰余金の分配を受ける権利を与える旨の定めがないこと。 ⑤ その定款に解散したときはその残余財産が特定の個人又は団体（国若しくは地方公共団体、上記(イ)②ⅰ若しくはⅱに掲げる法人又はその目的と類似の目的を有する他の一般社団法人若しくは一般財団法人を除く。）に帰属する旨の定めがないこと。

(ロ) 共益的活動を目的とする法人	⑥ ①から⑤まで及び⑦に掲げる要件のすべてに該当していた期間において、特定の個人又は団体に剰余金の分配その他の方法（合併による資産の移転を含む。）により特別の利益を与えることを決定し、又は与えたことがないこと。 ⑦ 各理事について、その理事及びその理事の配偶者又は3親等以内の親族その他のその理事と一定の特殊の関係のある者（注2）である理事の合計数の理事の総数のうちに占める割合が、3分の1以下であること（注3）。

(注1) 理事と一定の特殊の関係のある者とは、次の者をいう（法人税法施行規則2の2①）。

　ⅰ　その理事の配偶者

　ⅱ　その理事の3親等以内の親族

　ⅲ　その理事と婚姻の届出をしていないが事実上婚姻関係と同様の事情にある者

　ⅳ　その理事の使用人

　ⅴ　ⅰ～ⅳ以外の者でその理事から受ける金銭その他の資産によって生計を維持しているもの

　ⅵ　ⅲ～ⅴの者と生計を一にするこれらの者の配偶者又は3親等以内の親族

(注2) 一般社団法人又は一般財団法人の使用人（職制上使用人としての地位のみを有する者に限る。）以外の者でその一般社団法人又は一般財団法人の経営に従事しているものは、その一般社団法人又は一般財団法人の理事とみなして、上記(イ)④又は(ロ)⑦の要件を満たすかどうかの判定をする（法人税法施行令3③）。

(出所)　「新たな公益法人関係税制の手引」に筆者が加筆

第5章　新たな公益法人、一般法人の税制

ポイント

◆定款に剰余金の分配を行わないことなど4つの要件を満たすことをもって非営利型法人となる場合は「非営利性が徹底された法人」、会員に共通する利益を図る活動を行うことを主たる目的とするなど7つの要件を満たすことをもって非営利型法人となる場合は「共益的活動を目的とする法人」となる。

◆剰余金の分配については、定款で行わないと規定するのが「非営利性が徹底された法人」、定款に特定の個人、団体に分配すると規定しないのが「共益的活動を目的とする法人」で若干、意味合いの違いがみられる。

◆「特別の利益」を与えたことについては、経済的利益等だけでなく、「役員の選任や事業の運営に関して与えられる優遇などが必ずしもこれに当たらないということではなく、ケースバイケースで判断」(法人税基本通達解説1-1-8)される。想定外のことで特別の利益の供与があったとみなされる場合もあり得るので注意が必要である。

◆共益的活動を行う法人の要件に、「その主たる事業として収益事業を行っていないこと」とあるが、「原則として、その法人が主たる事業として収益事業を行うことが常態となっていないかどうかにより判定」(法人税基本通達解説1-1-10)される。また、主たる事業かどうかについては合理的指標で「おおむね50％を超えるかどうか」(同)で判定される。

◆特別の利益の供与における要件(法人税法施行令3条1項3号及び2項6号)を欠くことで、非営利型法人から、普通法人になった場合、その後の年度において非営利型法人に戻ることはできないので注意が必要である(法人税基本通達1-1-9参照)。

7　新公益法人の税制

法人税

非収益事業		収益事業	
公益目的事業	公益目的事業以外	公益目的事業	公益目的事業以外
非課税	非課税	非課税	課税（30％、平成22年度末までに終了する各事業年度の所得800万円以下18％）
			損金算入

公益目的事業への振替え分 ↑

その他の主な税

- 譲渡所得等非課税特例…対象
- 利子等源泉所得税…非課税
- 特定公益増進法人…対象
- 法人登記に係る登録免許税…非課税
- 印紙税（定款、金銭又は有価証券の受取書）…非課税
- 固定資産税…標準税率1.4％

⇒ 個人：5,000円を超える寄附金の額を総所得金額等の40％まで所得控除
　 法人：一般の寄附枠と別に、（所得金額の5％＋資本金等の0.25％）×1/2を限度に損金算入

- 幼稚園において直接保育の用に供する固定資産、医療関係者の養成所において直接教育の用に供する固定資産、図書館、博物館において直接その用に供する固定資産、一定の社会福祉事業の用に供する固定資産、学術研究法人が直接その研究の用に供する固定資産、等につき非課税
- その所有する重要無形文化財の公演のための施設の用に供する土地及び家屋について課税標準を2分の1とする（平成21年度、22年度）

　（出所）「新制度における主な課税の取扱いについて」（平成21年4月1日現在）を参考に筆者作成

第5章　新たな公益法人、一般法人の税制

ポイント

◆法人税は収益事業課税で、かつ、公益目的事業は収益事業でも非課税となっており、さらには収益事業から公益目的事業への支出はみなし寄附金として扱われるので課税部分が極めて小さい。税率は一般法人と同様の30％（年800万円以下は平成22年度末までに終了する各事業年度まで18％）である。

◆寄附税制として特定公益増進法人の対象となるので、一般法人よりも寄附者側の負担が軽くて済む。

◆利子等源泉所得税は非課税なので、金融財産の運用益としての利子、配当の課税負担はない。

◆その他法人登記に係る登録免許税や定款等の印紙税も非課税で、固定資産税も公益法人のときと同じ非課税措置を受けることができる（加えて、重要無形文化財の公演施設のための土地、家屋は平成21年度、22年度について非課税措置あり）ので負担は小さい。

8 非営利型法人の税制

法人税

非収益事業	収益事業
非課税	課税（30％、平成22年度末までに終了する各事業年度の所得800万円以下18％）

みなし寄附金制度なし

その他の主な税

○譲渡所得等非課税特例…非営利性が徹底された法人のみ対象
○利子等源泉所得税…課税
○特定公益増進法人…対象外
○法人登記に係る登録免許税…課税（主たる事務所の所在地においてする設立登記6万円、役員変更登記1万円。従たる事務所の所在地においてする設立登記9,000円）
○印紙税（定款、金銭又は有価証券の受取書）…非課税
○固定資産税…標準税率1.4％
　・医療関係者の養成所において直接教育の用に供する固定資産につき非課税
　・一般社団法人・一般財団法人に移行した法人に関し、特例民法法人からの移行時に非課税であった固定資産について平成25年度まで非課税措置を継続

（出所）「新制度における主な課税の取扱いについて（平成21年4月1日現在）を参考に筆者作成

第 5 章　新たな公益法人、一般法人の税制

ポイント

◆法人税は収益事業課税であるが、公益目的事業の有無は問わず課税となっている。収益事業から公益目的事業への支出にはみなし寄附金の制度はない。税率は新公益法人と同様の30％（年800万円以下は平成22年度末までに終了する各事業年度まで18％）である。

◆特定公益増進法人の対象ではないので、寄附者側に負担がかかる。

◆利子等源泉所得税は課税となるので、金融財産の運用益としての利子、配当の課税負担が生じる。ただし、収益事業に属する預貯金等からの果実については、法人税の申告の際に法人税から控除できる（税制の手引2(2)ハ(イ)（注））。

◆その他定款等の印紙税は非課税であるが、法人登記に係る登録免許税は課税される。固定資産税は公益法人のときに非課税であったものについては平成25年度までは非課税措置を受けることができる（医療関係者の養成所において直接教育に使用する場合は非課税）。

9 非営利型法人以外の一般法人の税制

法人税

非収益事業	収益事業
課税（30％、平成22年度末までに終了する各事業年度の所得800万円以下18％）	

みなし寄附金制度なし

その他の主な税

○譲渡所得等非課税特例…対象外
○利子等源泉所得税…課税
○特定公益増進法人…対象外
○法人登記に係る登録免許税…課税（主たる事務所の所在地においてする設立登記6万円、役員変更登記1万円。従たる事務所の所在地においてする設立登記9,000円）
○印紙税（定款、金銭又は有価証券の受取書）…非課税
○固定資産税…標準税率1.4％
　・一般社団法人、一般財団法人に移行した法人に関し、特例民法法人からの移行時に非課税であった固定資産について平成25年度まで非課税措置を継続

（出所）「新制度における主な課税の取扱いについて（平成21年4月1日現在）」を参考に筆者作成

第5章　新たな公益法人、一般法人の税制

ポイント

◆法人税は全所得課税であり、寄附を含めて全所得に課税される。収益事業から公益目的事業への支出にはみなし寄附金の制度はない。税率は新公益法人と同様の30％（年800万円以下は平成22年度末までに終了する各事業年度まで18％）である。

◆特定公益増進法人の対象ではないので、寄附者側に負担がかかる。

◆利子等源泉所得税は課税となるので、金融財産の運用益としての利子、配当の課税負担が生じる。ただし、収益事業に属する預貯金等からの果実については、法人税の申告の際に法人税から控除できる（税制の手引2(2)ハ(イ)（注））。

◆その他定款等の印紙税は非課税であるが、法人登記に係る登録免許税は課税される。固定資産税は公益法人のときに非課税であったものについては平成25年度までは非課税措置を受けることができる（医療関係者の養成所において直接教育に使用する場合でも非課税措置なし）。

◆「過去の収益事業以外の事業から生じた所得の累積額」（税制の手引2(3)ハ）は益金算入されるので注意を要する。ただし、公益目的支出計画実施中の法人は、「修正公益目的財産額を累積所得金額から控除」（同（注1））される。

◆全体に不利にみえるが、法人税は非営利型法人のように収益事業だけに課税されるのと違い、収益事業の黒字を非収益事業の赤字と合算できるので、収益事業課税よりも税負担が軽くなる場合がある。

10 異動届出書

異動届出書の一部分

異動事項等	異動前	異動後	異動年月日 (登記年月日)
名称の変更 法人区分の変更	社団法人○○ 特例民法法人	公益社団法人○○ 公益認定法人	平成○年○月○日 〃
所轄税務署	税務署	税務署	
事業年度を変更した場合	変更後最初の事業年度: (自)平成　年　月　日～(至)平成　年　月　日		
合併、分割の割合	合併　□適格合併　□非適格合併	分割　□分割型分割：□適格　□その他 　　　□分社型分割：□適格　□その他	
(備考) 収益事業　有　(○○事業)			

(出所)「新たな公益法人関係税制の手引」を参考に筆者作成

ポイント

◆「非営利型法人の要件のすべてに該当する一般社団法人及び一般財団法人は、特段の手続を踏むことなく公益法人等である非営利型法人」(税制の手引2(1)　チェックポイント)になるので、税務署で把握できるように速やかに異動届出書を提出する(該当しなくなった場合も同様)。

◆異動後の欄における「法人区分の変更」に対応する部分には、新公益法人であれば「公益認定法人」、通常の一般法人のうち非営利型なら「非営利型法人」、その他の一般法人なら「普通法人」と記載する。

◆特例民法法人による新公益法人、一般法人への異動の場合、名称の変更が必要であるが、普通法人が非営利型法人になる場合、又は、その逆の場合は名称は変わらないので、異動事項等の欄に「名称の変更」を記載する必要はない。

第6章

公益法人会計基準

1 公益法人会計基準の位置づけ

(2) 判断要件のあり方

　判断要件については、法人の目的、事業及び規律の面から、現行の「公益法人の設立許可及び指導監督基準」（以下「指導監督基準」という。）等や他の法人法制の考え方なども踏まえつつ、可能な限り客観的で明確なものとすることが必要である。

　その際、指導監督基準等を基に、判断要件としての適切性や法人の運営実態等を勘案の上、必要な規律は維持・改善しつつ、判断要件のあり方の見直しを行うことにより、公益性判断を受ける法人について、ガバナンスの強化や情報開示の徹底と併せて自律性を高め、その公益的活動の活性化を図ることが適当である。

　なお、判断要件及び後述の「ガバナンスのあり方」に係る規律を考えるに当たっては、法人の規模等にも配慮することが必要である。また、判断要件の具体化に当たっては、<u>新たな公益法人会計基準を踏まえることが適当</u>である。（以下、省略）

(出所)　「公益法人制度改革に関する有識者会議報告書（平成16年11月19日）」より抜粋。
　　　下線は筆者

第6章　公益法人会計基準

ポイント

◆公益法人会計基準は平成16年に大きな見直しがなされたが、旧主務官庁制のもとでは「原則として公益法人会計基準に従い、適切な会計処理を行う」（指導監督基準5⑴）、「平成18年4月1日以後開始する事業年度からできるだけ速やかに実施する」（運用指針5⑴）とあることから同基準の適用が強く求められてきた。平成20年基準への移行についても、「平成20年12月1日以後開始する事業年度から実施」（公益法人会計基準前文3）することになっており、早期の適用が望まれている。移行認定、移行認可の申請をする法人については、最初の事業年度は「平成16年改正基準を適用して作成することができる。」（運用指針附則2⑴）とあり、運用指針にしたがえば1年遅れでの適用が通常求められる姿である。

◆認定・認可の申請書類の作成にあたって、法律が要請する会計情報がない場合は、追加して提出することになる。このため、予め、新法対応のなされた平成20年基準に切り替えておけば準備を進めやすい。

　旧主務官庁へ提出する内部管理事項としての収支予算書が資金収支ベースであるので、平成20年基準の早期適用については躊躇する法人もあろうが、内閣府大臣官房公益法人行政担当室参事官から平成20年基準の損益計算書ベースのものでも可能とする通知（平成21年3月27日）が出されているので、旧主務官庁によっては移行前の提出資料として平成20年基準を用いることは可能であると考えられる。

◆認定法の基準の中には、「公益目的事業を行うのに必要な経理的基礎及び技術的能力を有するものであること。」（認定法5条2号）もあり、経理的基礎については、「経理処理・財産管理の適正性」（GLⅠ2⑵）が問われている。申請書に記載箇所はないが、十分な会計帳簿を備え付けること、不適正な経理を行わないことは、認定後の運営において強く問われてくる部分である。遅くとも申請前年度には平成20年基準を適用することが強く望まれる。

2　平成16年基準からの変更点

平成16年基準

```
財務諸表
  貸借対照表
  正味財産増減計算書
  財産目録
  キャッシュ・フロー計算書
  （大規模法人のみ）
```

昭和60年基準からの主な変更点
・正味財産増減計算書はフロー式に統一
・収支予算書、収支計算書等は内部管理事項で基準外
・時価会計を導入

→

平成20年基準

```
財務諸表
  貸借対照表
  正味財産増減計算書

  キャッシュ・フロー計算書
  （大規模法人のみ）
```

```
附属明細書
```

```
財産目録
```

平成16年基準からの主な変更点
・総括表による全体表示をやめ、全体の財務諸表等を基本とする
・会計区分ごとの情報は内訳表で示す
・社団の基金あり

（出所）　各公益法人会計基準をもとに筆者作成

第6章　公益法人会計基準

ポイント

◆平成20年基準では、財産目録が財務諸表からは外れたが、認定法（規則31条3項等）で「公益目的保有財産は財産目録等でその旨表示するとの規定との整合性を図る」（公益認定等委員会第33回資料3「新たな公益法人会計基準等について」）べく残している。つまり、財産目録をもって、遊休財産額の保有制限の控除対象財産を確認できるよう表示する必要に応えているというわけである。

◆新たに法人法に基づき附属明細書を定めたほか、基金についても同様の理由で新設された。

◆また、財務諸表に注記しなければいけないものに、「継続事業の前提に関する注記」を加えてある。

◆区分経理の要請（認定法19条等）に基づき、特別会計を設けて総括表で表示する方式から、全体の財務諸表、附属明細書、財産目録を基本として、会計区分ごとの情報を内訳表で表示する方式へ変更されている。

3　平成20年公益法人会計基準、運用指針

- **趣旨**：新法を踏まえて会計基準の体系を見直すこととしたもの
- **対象**：① 公益社団法人、公益財団法人
  　　　　② 移行法人
  　　　　③ 移行認定・認可を申請する特例民法法人
  　　　　④ 公益認定を申請する一般社団法人、一般財団法人
- **実施**：平成20年12月以降に開始する事業年度から
  　　　　ただし、③は初年度のみ、平成16年改正基準で作成可
- **科目及び様式**：
  　　・貸借対照表、正味財産増減計算書は以下の3会計に区分（後者はさらに事業毎に区分）
  　　　① 公益目的事業会計
  　　　② 収益事業等会計
  　　　③ 法人会計
  　　・貸借対照表で、特定費用準備資金、資産取得資金を特定資産計上

（出所）　内閣府公益認定等委員会第33回資料3「新たな公益法人会計基準について「公益法人会計基準の運用指針」」より筆者作成

第6章　公益法人会計基準

ポイント

◆本章1で平成20年基準の早期適用が望まれることを述べたが、移行申請の準備に時間がとられるなかで、どうしても適用すべきというものでもない。平成20年基準は新法に対応した最新のものであるが、結局は平成16年基準の「修正」（公益法人会計基準前文1(2)）に過ぎず、平成16年基準を適用しているのであれば、さほど開示情報として不足しているわけではない。昭和60年基準から平成16年基準に改正する際に、正味財産増減計算書のフロー式での統一、時価会計や減価償却など、他の会計基準からの遅れについてはすでに十分見直しがなされている。

◆非営利法人の会計としては、本来、「一般に公正妥当と認められる会計の慣行に従うもの」（法人法119条）の適用が求められており、新公益法人制度でも、計算関係のところは「一般に公正妥当と認められる公益法人の会計の基準その他の公益法人の会計の慣行をしん酌しなければならない」（認定法規則12条）ということで、公益法人会計基準を義務づけているわけではない。

◆そもそもFAQでも公益法人会計基準の早期適用は絶対とはしていない。平成25年6月申請の場合の会計基準の適用に関するFAQのなかで、「少なくとも平成24年3月期までは、平成16年改正基準の適用を継続することで差し支えありません。」（FAQ問Ⅵ-4-⑤答3）と回答しており、早期の適用を考えるかどうかは法人の判断次第であることがわかる。

◆早期適用は利便性の面で優れているが、申請書や定款の変更の案に時間をかけたいならば、平成16年基準から平成20年基準へのステップアップは二の次として、とりあえず申請に必要な程度（例えば、移行認定申請書の別表G）で済ませておく方法も有効である。平成20年基準を適用する最終的なタイミングは法人の判断に委ねられているのである。

4 貸借対照表

以下では、イメージをつかむため主な様式のみ掲載している(運用指針で示されたものと順番が前後する場合もある)。

様式1-1

平成　年　月　日現在

(単位:円)

科目	当年度	前年度	増減
Ⅰ　資産の部			
1．流動資産			
現金預金			
………………			
流動資産合計			
2．固定資産			
(1) 基本財産			
土　地			
………………			
基本財産合計			
(2) 特定資産			
退職給付引当資産			
〇〇積立資産			
………………			
特定資産合計			
(3) その他固定資産			
………………			
その他固定資産合計			
固定資産合計			
資産合計			
Ⅱ　負債の部			
1．流動負債			
未払金			
………………			
流動負債合計			
2．固定負債			
退職給付引当金			
………………			
固定負債合計			
負債合計			
Ⅲ　正味財産の部			
1．指定正味財産			
国庫補助金			
………………			
指定正味財産合計			
(うち基本財産への充当額)	(　　　)	(　　　)	(　　　)
(うち特定資産への充当額)	(　　　)	(　　　)	(　　　)
2．一般正味財産			
(うち基本財産への充当額)	(　　　)	(　　　)	(　　　)
(うち特定資産への充当額)	(　　　)	(　　　)	(　　　)
正味財産合計			
負債及び正味財産合計			

(出所)　内閣府公益認定等委員会「公益法人会計基準の運用指針」

様式1-2

科目	当年度	前年度	増減
Ⅲ　正味財産の部			
1．基金			
基金			
（うち基本財産への充当額）	(　　　)	(　　　)	(　　　)
（うち特定財産への充当額）	(　　　)	(　　　)	(　　　)
2．指定正味財産			
国庫補助金			
………			
指定正味財産合計			
（うち基本財産への充当額）	(　　　)	(　　　)	(　　　)
（うち特定財産への充当額）	(　　　)	(　　　)	(　　　)
3．一般正味財産			
(1)　代替基金			
(2)　その他一般正味財産			
一般正味財産合計			
（うち基本財産への充当額）	(　　　)	(　　　)	(　　　)
（うち特定財産への充当額）	(　　　)	(　　　)	(　　　)
正味財産合計			
負債及び正味財産合計			

（出所）　公益法人会計基準の運用指針

ポイント

◆平成16年基準から目立った変更箇所はない。ただし、特定資産として示された中科目の1つが平成16年基準の「減価償却引当資産」から「○○積立資産」になっていることによって、様式でも変更がなされている。控除対象財産の特定費用準備資金、資産取得資金はここに区分される。なお、金融資産で公益目的保有財産と収益事業・管理活動財産とした場合は、定款で基本財産としていれば基本財産に、そうでなければ特定資産として表示する（GL Ⅰ8(1)、(2)参照）。

◆基金（法人法131条）を設けた場合には正味財産の部の最初に基金の欄を設け、指定正味財産、一般正味財産と同様に、括弧書きで基本財産、特定資産への充当額の内訳を示す様式となっている。

5　貸借対照表内訳表

様式1-3

平成　年　月　日現在

(単位：円)

科目	公益目的事業会計	収益事業等会計	法人会計	内部取引消去	合計
Ⅰ　資産の部					
1．流動資産					
中科目別記載					
流動資産合計					
2．固定資産					
(1)　基本財産					
中科目別記載					
基本財産合計					
(2)　特定資産					
中科目別記載					
特定資産合計					
(3)　その他固定資産					
中科目別記載					
その他固定資産合計					
固定資産合計					
資産合計					
Ⅱ　負債の部					
1．流動負債					
中科目別記載					
流動負債合計					
2．固定負債					
中科目別記載					
固定負債合計					
負債合計					
Ⅲ　正味財産の部					
1．指定正味財産					
中科目別記載					
指定正味財産合計					
(うち基本財産への充当額)					
(うち特定資産への充当額)					
2．一般正味財産					
(うち基本財産への充当額)					
(うち特定資産への充当額)					
正味財産合計					
負債及び正味財産合計					

(出所)　公益法人会計基準の運用指針

ポイント

◆公益認定等ガイドラインで、貸借対照表内訳表については「収益事業等から生じた収益のうち50％を超えて公益目的事業財産に繰り入れる法人について」（GL Ⅰ18(2)）、公益目的事業会計、収益事業等会計、法人会計に分けて表示が必要としているとおり、一部の法人で作成が必要であるが、すべての法人で作成が必要となるわけではない。

◆公益目的支出計画実施中の一般法人が使用する「移行法人が会計区分を有する場合」（様式1-4、表の掲載は省略）も同様のフォームで、公益目的事業会計を「実施事業等会計」に、収益事業等会計を「その他会計」にしたものである。

6 正味財産増減計算書

様式2-1

平成　年　月　日から平成　年　月　日まで

(単位：円)

科目	当年度	前年度	増減
Ⅰ　一般正味財産増減の部			
1．経常増減の部			
(1)　経常収益			
基本財産運用益			
…………			
特定資産運用益			
…………			
受取会費			
…………			
事業収益			
…………			
受取補助金等			
…………			
受取負担金			
…………			
受取寄付金			
…………			
経常収益計			
(2)　経常費用			
事業費			
給与手当			
臨時雇賃金			
退職給付費用			
…………			
管理費			
役員報酬			
給与手当			
退職給付費用			
…………			
経常費用計			
評価損益等調整前当期経常増減額			
基本財産評価損益等			
特定資産評価損益等			
投資有価証券評価損益等			
評価損益等計			
当期経常増減額			
2．経常外増減の部			
(1)　経常外収益			
固定資産売却益			
…………			

	経常外収益計			
(2)	経常外費用			
	固定資産売却損			
	………………			
	経常外費用計			
	当期経常外増減額			
	当期一般正味財産増減額			
	一般正味財産期首残高			
	一般正味財産期末残高			
II	指定正味財産増減の部			
	受取補助金等			
	………………			
	一般正味財産への振替額			
	………………			
	当期指定正味財産増減額			
	指定正味財産期首残高			
	指定正味財産期末残高			
III	正味財産期末残高			

(出所) 公益法人会計基準の運用指針

様式2-2

平成 年 月 日から平成 年 月 日まで

	科目	当年度	前年度	増減
III	基金増減の部			
	基金受入額			
	基金返還額			
	当期基金増減額			
	基金期首残高			
	基金期末残高			
IV	正味財産期末残高			

ポイント

◆取扱要領において事業費は「事業の目的のために要する費用」となっており、平成16年基準の「事業の目的のために直接要する費用で管理費以外のもの」とは違っているので、この考え方に従う。

◆平成20年基準の正味財産増減計算書における別の特徴として、経常費用計の後に、基本財産評価損益等、特定資産評価損益等、投資有価証券評価損益等といった評価損益等を示した上で当期経常増減額を求める様式になっている点もある。

◆基金（法人法131条）を設けた場合の様式は、正味財産期末残高の前に、基金増減の部の欄を設け、基金受入額、基金返還額、当期基金増減額、基金期首残高、基金期末残高を示す様式となっている。

7 正味財産増減計算書内訳表

様式2-3

平成 年 月 日から平成 年 月 日まで

(単位：円)

科目	公益目的事業会計				収益事業等会計				法人会計	内部取引消去	合計
	A事業	B事業	共通	小計	a事業	b事業	共通	小計			
I 一般正味財産増減の部											
1．経常増減の部											
(1) 経常収益											
基本財産運用益											
中科目別記載											
特定資産運用益											
中科目別記載											
受取会費											
中科目別記載											
事業収益											
中科目別記載											
受取補助金等											
中科目別記載											
受取負担金											
中科目別記載											
受取寄付金											
中科目別記載											
…………											
経常収益計											
(2) 経常費用											
事業費											
中科目別記載											
…………											
管理費											
中科目別記載											
…………											
経常費用計											
評価損益等調整前当期経常増減額											
基本財産評価損益等											
特定資産評価損益等											
投資有価証券評価損益等											
評価損益等計											
当期経常増減額											
2．経常外増減の部											
(1) 経常外収益											
中科目別記載											
経常外収益計											
(2) 経常外費用											
中科目別記載											
経常外費用計											
当期経常外増減額											
他会計振替額											

第6章　公益法人会計基準

当期一般正味財産増減額								
一般正味財産期首残高								
一般正味財産期末残高								
Ⅱ 指定正味財産増減の部								
受取補助金等								
………………								
一般正味財産への振替額								
………………								
当期指定正味財産増減額								
指定正味財産期首残高								
指定正味財産期末残高								
Ⅲ 正味財産期末残高								

（出所）　公益法人会計基準の運用指針

ポイント

◆公益認定等ガイドラインで、計算書類は「損益計算書（正味財産増減計算書）は、内訳表において会計を公益目的事業に関する会計（公益目的事業会計）、収益事業等に関する会計（収益事業等会計）及び管理業務やその他の法人全般に係る事項（公益目的事業や収益事業等に属さない事項）に関する会計（法人会計）の3つに区分」（GL Ⅰ18(2)）し、さらに事業ごと、区分ごとに分けて表示する必要があるとしているとおり、各会計、事業等で分けた様式になっている。

◆公益目的支出計画実施中の一般法人である移行法人の場合（様式2-4、表の掲載は省略）も同様のフォームで、公益目的事業会計を「実施事業等会計」に、収益事業等会計を「その他会計」にしたものである。

◆管理費は「各種の事業を管理するため、毎年度経常的に要する費用」（取扱要領）であり、各事業費には入らないので法人会計に入れる。

8 キャッシュ・フロー計算書（直接法）

様式3-1

平成　年　月　日から平成　年　月　日まで

(単位：円)

科目	当年度	前年度	増減
Ⅰ　事業活動によるキャッシュ・フロー			
1．事業活動収入			
基本財産運用収入			
………………			
入会金収入			
………………			
会費収入			
………………			
事業収入			
………………			
補助金等収入			
………………			
事業活動収入計			
2．事業活動支出			
事業費支出			
………………			
管理費支出			
………………			
事業活動支出計			
事業活動によるキャッシュ・フロー			
Ⅱ　投資活動によるキャッシュ・フロー			
1．投資活動収入			
固定資産売却収入			
………………			
投資活動収入計			
2．投資活動支出			
固定資産取得支出			
………………			
投資活動支出計			
投資活動によるキャッシュ・フロー			
Ⅲ　財務活動によるキャッシュ・フロー			
1．財務活動収入			
借入金収入			
………………			
財務活動収入計			
2．財務活動支出			
借入金返済支出			
………………			
財務活動支出計			
財務活動によるキャッシュ・フロー			
Ⅳ　現金及び現金同等物に係る換算差額			
Ⅴ　現金及び現金同等物の増減額			
Ⅵ　現金及び現金同等物の期首残高			
Ⅶ　現金及び現金同等物の期末残高			

（出所）　公益法人会計基準の運用指針

第6章　公益法人会計基準

ポイント
◆キャッシュ・フロー計算書については、「認定法第5条第12号の規定により会計監査人を設置する公益社団・財団法人以外の公益法人は、これを作成しないことができる。」(運用指針3(1)) とあることから、新公益法人であっても収益、費用及び損失の額が1,000億円、又は負債額50億円を下回る法人であれば、会計監査人の設置義務はないので、作成する必要はない。
◆一般法人で公益法人会計基準を適用する場合は、負債額200億円未満であれば、会計監査人の設置義務のある大規模法人ではないので、キャッシュ・フロー計算書を作成する必要はない。
◆「資金の範囲及び重要な非資金取引」は平成16年基準では注で表記する様式になっていたが、平成20年基準では財務諸表の注記で表示することになっている。

209

9 キャッシュ・フロー計算書（間接法）

様式3-2

平成　年　月　日から平成　年　月　日まで

（単位：円）

科目	当年度	前年度	増減
Ⅰ　事業活動によるキャッシュ・フロー			
1．当期一般正味財産増減額			
2．キャッシュ・フローへの調整額			
減価償却費			
基本財産の増減額			
退職給付引当金の増減額			
未収金の増減額			
貯蔵品の増減額			
未払金の増減額			
指定正味財産からの振替額			
…………			
小計			
3．指定正味財産増加収入			
補助金等収入			
…………			
指定正味財産増加収入計			
事業活動によるキャッシュ・フロー			
Ⅱ　投資活動によるキャッシュ・フロー			
1．投資活動収入			
固定資産売却収入			
…………			
投資活動収入計			
2．投資活動支出			
固定資産取得支出			
…………			
投資活動支出計			
投資活動によるキャッシュ・フロー			
Ⅲ　財務活動によるキャッシュ・フロー			
1．財務活動収入			
借入金収入			
…………			
財務活動収入計			
2．財務活動支出			
借入金返済支出			
…………			
財務活動支出計			
財務活動によるキャッシュ・フロー			
Ⅳ　現金及び現金同等物に係る換算差額			
Ⅴ　現金及び現金同等物の増減額			
Ⅵ　現金及び現金同等物の期首残高			
Ⅶ　現金及び現金同等物の期末残高			

（出所）　公益法人会計基準の運用指針

第6章　公益法人会計基準

ポイント

◆間接法は、当期一般正味財産増減額から、実際にはキャッシュ・フローが生じていない減価償却費などを調整計算することにより、事業活動によるキャッシュ・フローを表示する方法である。

◆基本財産の増減額は「償却原価法による利息計上額で基本財産に加算されたものを含む」（運用指針12.（3）②取扱要領）とある。満期保有目的の債券は、「債券金額より低い価額又は高い価額で取得した場合において、取得価額と債券金額との差額の性格が金利の調整と認められるときは、償却原価法に基づいて算定された価額をもって貸借対照表価額としなければならない」（公益法人会計基準注解　注9）ので、基本財産がこの表面上の利息で増減した分はキャッシュ・フローが生じたわけではないので調整する。

◆事業活動によるキャッシュ・フロー以外は直接法と同じである。

10 基金を受けた場合のキャッシュ・フロー計算書（直接法）

様式3-3

平成　年　月　日から平成　年　月　日まで

科目	当年度	前年度	増減
Ⅲ　財務活動によるキャッシュ・フロー			
1．財務活動収入			
借入金収入			
………………			
基金受入収入			
財務活動収入計			
2．財務活動支出			
借入金返済支出			
………………			
基金返還支出			
財務活動支出計			
財務活動によるキャッシュ・フロー			
Ⅳ　現金及び現金同等物に係る換算差額			
Ⅴ　現金及び現金同等物の増減額			
Ⅵ　現金及び現金同等物の期首残高			
Ⅶ　現金及び現金同等物の期末残高			

（出所）　公益法人会計基準の運用指針

ポイント

◆基金（法人法131条）を受けた法人のみ、Ⅲ以下の部分を変更する様式を示している。貸借対照表でも正味財産増減計算書でも同様であるが、当該基金は拠出者に対して返還義務を負う新法に基づく基金であり、旧公益法人における一般的な"基金"を意味するものではない。

第6章　公益法人会計基準

11　注記：基本財産及び特定資産の増減額及びその残高、基本財産及び代替基金の増減額及びその残高 (以下、主なものを紹介する)

4．基本財産及び特定資産の増減額及びその残高

基本財産及び特定資産の増減額及びその残高は、次のとおりである。

(単位：円)

科目	前期末残高	当期増加額	当期減少額	当期末残高
基本財産 　土地 　…………				
小計				
特定資産 　退職給付引当資産 　…………				
小計				
合計				

12．基金及び代替基金の増減額及びその残高

基金及び代替基金の増減額及びその残高は、次のとおりである。

(単位：円)

科目	前期末残高	当期増加額	当期減少額	当期末残高
基金 　○○基金 　…………				
基金計				
代替基金 　○○基金 　…………			― ―	
代替基金計				
合計				

（出所）　公益法人会計基準の運用指針

ポイント

◆基本財産と特定資産、基金（法人法131条）と代替基金（同144条）について、それぞれ前期、当期の残高と、フローである増加要因と減少要因を分けて示す。

◆基金を返還する際に返還額相当の金額を代替基金として計上しなければならないことから、基金とは区別して残高と増減を示す様式になっている。この代替基金は取り崩せない（法人法144条2項）ので注意を要する。

12 注記：基本財産及び特定資産の財源等の内訳

5．基本財産及び特定資産の財源等の内訳

　基本財産及び特定資産の財源等の内訳は、次のとおりである。

（単位：円）

科目	当期末残高	(うち指定正味財産からの充当額)	(うち一般正味財産からの充当額)	(うち負債に対応する額)
基本財産				
土地		(　　　)	(　　　)	—
………		(　　　)	(　　　)	—
小計		(　　　)	(　　　)	—
特定資産				
退職給付引当資産		—	(　　　)	(　　　)
○○積立資産		(　　　)	(　　　)	—
………		(　　　)	(　　　)	(　　　)
小計		(　　　)	(　　　)	(　　　)
合計		(　　　)	(　　　)	(　　　)

（出所）　公益法人会計基準の運用指針

ポイント

◆基本財産と特定資産について、それぞれの財源との対応関係を示すものである。負債を財源とするものは基本財産に該当するものはないが、負債に対応する退職給付引当資産は特定資産に該当するので様式に示されている。

◆基金（法人法131条）からの充当があれば、財源の内訳として記載する。

◆貸借対照表と同様に、平成16年基準の「減価償却引当資産」から「○○積立資産」へ表記が変えられている（本章4参照）。

第6章 公益法人会計基準

13 注記：固定資産の減価償却、満期保有目的の債券の内訳並びに帳簿価額、時価及び評価損益

7．固定資産の取得価額、減価償却累計額及び当期末残高
（直接法により減価償却を行っている場合）
固定資産の取得価額、減価償却累計額及び当期末残高は、次のとおりである。

（単位：円）

科目	取得価額	減価償却累計額	当期末残高
建物 ……………… ………………			
合計			

10．満期保有目的の債券の内訳並びに帳簿価額、時価及び評価損益
満期保有目的の債券の内訳並びに帳簿価額、時価及び評価損益は、次のとおりである。

（単位：円）

科目	帳簿価額	時価	評価損益
国債 ○○株式会社社債 ……………… ………………			
合計			

（出所）　公益法人会計基準の運用指針

ポイント

◆減価償却については平成16年基準から強制となっており、平成20年基準でも、直接法で減価償却を行っている場合について注記で取得価額、減価償却累計額、当期末残高を示す様式がとられている。

◆満期保有目的の債券の評価損については、正味財産増減計算書の事業費に含まれないが、注記で帳簿価額と時価、及び評価損益を示す必要がある。平成16年基準から注記による開示が求められ、銘柄ごと、あるいは、多数の銘柄を保有する場合には、ある程度まとめて表示することも可能である。

14 注記：補助金等の内訳並びに交付者、当期の増減額及び残高

11. 補助金等の内訳並びに交付者、当期の増減額及び残高

補助金等の内訳並びに交付者、当期の増減額及び残高は、次のとおりである。

(単位：円)

補助金等の名称	交付者	前期末残高	当期増加額	当期減少額	当期末残高	貸借対照表上の記載区分
補助金						
〇〇補助金	〇〇〇					指定正味財産
………	〇〇〇					流動負債
助成金						
〇〇助成金	〇〇〇					〇〇〇
………	〇〇〇					〇〇〇
〇〇〇						
………	〇〇〇					〇〇〇
合計						

(出所) 公益法人会計基準の運用指針

ポイント

◆補助金などを受けた場合の注記である。例えば、県からの補助金で考えれば、通常、使途を定められて支給されることから、交付者の欄は〇〇県となり、前期末と当期末の残高と、期中の増加要因と減少要因を分けて記載することになる。なお、補助金など「寄附等（会員等を含む）によりその使途に制限が課されている資産の受入額」（取扱要領）については、貸借対照表では指定正味財産に記載する。

15　附属明細書：基本財産及び特定資産の明細、引当金の明細

1．基本財産及び特定資産の明細

(単位：円)

区分	資産の種類	期首帳簿価額	当期増加額	当期減少額	期末帳簿価額
基本財産	土地 建物 …… ……				
	基本財産計				
特定資産	退職給付引当資産 ○○積立資産 …… ……				
	特定資産計				

2．引当金の明細

(単位：円)

| 科目 | 期首残高 | 当期増加額 | 当期減少額 | | 期末残高 |
			目的使用	その他	
賞与引当金 ……					

(出所)　公益法人会計基準の運用指針

ポイント

◆附属明細書は今回新たに付されたものである。

◆基本財産及び特定財産の明細は、財務諸表の注記に記載しているならば、その旨記載することで省略可能である。重要な増減がある場合には、脚注で①理由、②資産の種類の具体的な内容、③金額を記す。

◆引当金の明細については、期首、期末のどちらかに残高がある場合に作成するので、残高がなければ作成不要であり、当期増加額、当期減少額欄はそれぞれ総額で記載する。後者のその他欄は目的外使用の場合に記載するものであり、記載する場合は脚注で理由を記す。また、財務諸表の注記に記載しているならば、その旨記載することで省略可能である。

16 附属明細書：財産目録

平成　年　月　日現在

(単位：円)

貸借対照表科目		場所・物量等	使用目的等	金額
（流動資産）	現金	手元保管	運転資金として	×××
	預金	普通預金 ○○銀行○○支店	運転資金として	×××
流動資産合計				×××
（固定資産）				
基本財産	土地	○○m^2 ××市△△町3-5-1	公益目的保有財産であり、○○事業の施設に使用している。	×××
特定資産	建物	○○m^2 ××市△△町3-5-1 4階建	3～4階部分：公益目的保有財産であり、○○事業の施設に使用している。	×××
			1～2階部分：△△事業に使用している。	×××
	美術品	絵画○点 ○年○月以前取得	公益目的保有財産であり、○○事業に供している不可欠特定財産である。	×××
	投資有価証券	第○回利付国債他	公益目的保有財産であり、運用益を○○事業の財源として使用している	×××
	○○積立資産	定期預金 ○○銀行○○支店	○○事業の積立資産であり、資産取得資金として管理されている預金	×××
	○○積立資産	××社債	満期保有目的で保有し、運用益を○○事業の財源として使用している。	×××
		○○株式	寄付により受け入れた株式であり、長期間保有することにより、運用益を○○事業の財源として使用している。	×××
	建物	○○m^2 東京都△△区▲▲4-6-2	公益目的保有財産であり、○○事業に使用している。	×××
その他固定資産		……	……	×××
固定資産合計				×××
資産合計				×××
（流動負債）	未払金	○○に対する未払額	○○事業に供する備品購入の未払い分	×××
	短期借入金	○○銀行○○支店	運転資金	×××
流動負債合計				×××
（固定負債）	退職給付引当金	従業員に対するもの	従業員○○名に対する退職金の支払いに備えたもの	×××
	長期借入金	○○銀行○○支店	△△事業に供する建物を取得するための借入れ	×××
固定負債合計				×××
負債合計				×××
正味財産				×××

（出所）　公益法人会計基準の運用指針

> **ポイント**
> ◆留意事項として、不可欠特定財産（認定法 5 条16号）、特定費用準備資金（認定法規則18条）のほか、公益目的保有財産（認定法規則26条 3 号）、資産取得資金（同22条 3 項 3 号）を有する場合の使用目的等の欄への明示が記されているが、寄附その他これに類する行為によって受け入れた財産（同 5 号）などの他の控除対象財産もあれば財産目録で示す（FAQ 問 V -4-③答「法人の財産と控除対象財産の関係」参照）。
> ◆他の事業等と共用している場合、区分・分離可能な範囲で確定した上で表示するが、物理的な特定が困難な場合、 1 つの事業資産として確定した上で共用財産であると記載する。

17 公益目的保有財産の明細

財産種別	公益認定前取得 不可欠特定財産	公益認定後取得 不可欠特定財産	その他の 公益目的保有財産	使用事業
土地			○○m² ××市▽▽町3-5-1 ×××円	○○事業 (△△事業と共有)
建物			○○m² ××市▽▽町3-5-1 4階建の3〜4階部分 ×××円	○○事業
美術品	○○像 　　×××円 ○○図 　　×××円 ………………			○○事業
……				
合計	×××円		×××円	

（出所）　公益法人会計基準の運用指針

ポイント

◆公益目的保有財産の区分表示において、詳細な記載ができない場合に上表の明細を作成する。

◆認定日以前に取得した不可欠特定財産は公益目的事業財産残額に含まれない（認定法30条2項1号）ので、認定取消しや、合併で消滅（公益法人が権利義務を継承する場合を除く）する際に贈与しなくて済む。このように認定前に取得した不可欠特定財産と、後で取得した不可欠特定財産では扱いが異なるので、保有している場合は明細で明らかにする。申請の際の添付資料であれば、当然認定後の欄は空欄となる。

18　会計上の債券等の扱い

公益法人会計基準

第2　貸借対照表
　3　資産の貸借対照表価額
　　(3)　満期まで所有する意思をもって保有する社債その他の債券（以下「満期保有目的の債券」という。）並びに子会社株式及び関連会社株式については、取得価額をもって貸借対照表価額とする。満期保有目的の債券並びに子会社株式及び関連会社株式以外の有価証券のうち市場価格のあるものについては、時価をもって貸借対照表価額とする。（注9）（注10）（注11）
第5　財務諸表の注記
　　財務諸表には、次の事項を注記しなければならない。
　　(10)　満期保有目的の債券の内訳並びに帳簿価額、時価及び評価損益

公益法人会計基準注解

（注9）　満期保有目的の債券の評価について
　　満期保有目的の債券を債券金額より低い価額又は高い価額で取得した場合において、取得価額と債券金額との差額の性格が金利の調整と認められるときは、償却原価法に基づいて算定された価額をもって貸借対照表価額としなければならない。
（注10）　満期保有目的の債券並びに子会社株式及び関連会社株式以外の有価証券について
　　満期保有目的の債券並びに子会社株式及び関連会社株式以外の有価証券のうち市場価格のあるものについては、時価評価に伴って生じる評価差額は、当期の正味財産増減額として処理するものとする。
（注11）　指定正味財産に区分される寄付によって受け入れた有価証券の会計処理について
　　指定正味財産に区分される寄付によって受け入れた有価証券を時価又は償却原価で評価する場合には、従前の帳簿価額との差額は、正味財産増減計算書上、指定正味財産増減の部に記載するものとする。

（出所）　内閣府公益認定等委員会「公益法人会計基準」より抜粋

第6章　公益法人会計基準

ポイント

◆貸借対照表価額は、①満期保有目的の債券と②子会社株式及び関連会社株式は取得価額、③これら以外の有価証券（企業会計でいうところの資本直入できる「その他有価証券」とは別の概念である。むしろ「売買目的の有価証券」に近い）のうち市場価格のあるものは時価となる（有価証券であれば、通常、市場価格の算定は可能と考えられるので③は基本的に時価ということになる）。

◆①の評価損益は注記で開示しなければならず、様式は本章13で示したとおりである。なお、①は時価評価額を貸借対照表で示すわけではないが、額面と違う価額で取得し、その差が金利の調整によるものであれば、償却原価法を用いて算定したものを貸借対照表価額とする。

◆③の評価差額は正味財産増減計算書に反映させる。

◆日本公認会計士協会の実務指針では、平成16年基準より、満期保有目的の債券に分類し、途中で取り崩した場合など、その年度を含む2事業年度はその区分をすべて使えないとする指針を出しているので扱いに注意する。

〈参考資料〉
- 「移行認可申請書一式」(内閣府公益認定等委員会事務局)
- 「移行認定のための「定款の変更の案」作成の案内」(内閣府公益認定等委員会事務局　2009年5月19日、2009年8月25日)
- 「移行認定申請書一式」(内閣府公益認定等委員会事務局)
- 「公益認定等ガイドライン」(内閣府公益認定等委員会　2008年4月11日)
- 「公益認定等に関する運用について(公益認定等ガイドライン)案に関する意見募集手続(パブリック・コメント)の結果について」(内閣府公益認定等委員会事務局　2008年4月28日)
- 「公益法人会計基準」(公益法人等の指導監督等に関する関係省庁連絡会議申合せ　2004年10月14日)
- 「公益法人会計基準」(内閣府公益認定等委員会　2008年4月11日)
- 「公益法人会計基準の運用指針」(内閣府公益認定等委員会　2008年4月11日)
- 「公益法人制度改革に関する有識者会議報告書」(公益法人制度改革に関する有識者会議　2004年11月19日)
- 「新たな公益法人関連税制の手引」(国税庁　2008年7月、2009年7月)
- 「新たな公益法人制度への移行等に関するよくある質問(FAQ)」(内閣府公益認定等委員会事務局　2009年1月)
- 「新制度における主な課税の取扱いについて」(公益法人 information　2009年4月1日)
- 「申請の手引き　移行認可編」(内閣府公益認定等委員会事務局　2008年6月13日、2008年11月14日、2009年8月12日)
- 「申請の手引き　移行認定編」(内閣府公益認定等委員会事務局　2008年7月4日、2008年11月14日、2009年8月12日)
- 「平成20年度公益法人に関する年次報告(公益法人白書)」(総務省　2008年9月)
- 内閣府公益認定等委員会各回議事録等

〈URL〉

公益法人 information，https://www.koeki-info.go.jp/
行政改革推進本部事務局，http://www.gyoukaku.go.jp/
国税庁，http://www.nta.go.jp/
総務省，http://www.soumu.go.jp/
法務省民事局，http://www.moj.go.jp/MINJI/

著者紹介

市川 拓也（いちかわ たくや）
　　株式会社大和総研 公共政策研究所 主任研究員
　　東北公益文科大学非常勤講師（公益法人論）
　　1992年上智大学経済学部卒、同年大和総研入社。日本公益学会会員、社団法人日本証券アナリスト協会検定会員、公益財団法人公益法人協会法制委員会委員。主な著作として、『公益法人制度改革と新たな非営利法人制度』（財経詳報社）、財団法人助成財団センター編『民間助成イノベーション』（助成財団センター発行、松籟社発売）。1967年生まれ。

特例民法法人のための
移行認定・認可申請の実務
―申請書の書き方と定款作成のポイント―

平成21年10月26日　初版発行©

著　者　　市　川　拓　也
発行者　　富　高　克　典

発行所　　株式会社 財 経 詳 報 社
　　　　　〒103-0013　東京都中央区日本橋人形町1-1-6
　　　　　電　話　03(3661)5266(代)
　　　　　FAX　03(3661)5268
　　　　　URL http://www.zaik.jp
　　　　　振替口座　00170-8-26500
　　　　　Printed in Japan 2009

落丁・乱丁はお取り替えいたします。　印刷・製本　創栄図書印刷
ISBN　978-4-88177-509-7